Le conseil des droits de l'homme et ses principaux mécanismes

Bilan et perspectives d'actions pour le Burkina Faso à l'entame de son second mandat de membre

Clarisse MERINDOL OUOBA

LE CONSEIL DES DROITS DE L'HOMME ET SES PRINCIPAUX MÉCANISMES

Bilan et perspectives d'actions pour le Burkina Faso à l'entame de son second mandat de membre

L'HARMATTAN

5-7, rue de l'École-Polytechnique ; 75005 Paris

http://www.librairieharmattan.com
diffusion.harmattan@wanadoo.fr
harmattan1@wanadoo.fr

ISBN : 978-2-336-29180-2
EAN : 9782336291802

A

Tous ceux qui ont en conscience la nécessaire conjonction des efforts pour construire un monde meilleur, exempt de violations des droits de l'Homme.

PRÉFACE

Depuis les siècles passés la question des droits humains a constitué une préoccupation, notamment après la seconde guerre mondiale. Ainsi, à partir de 1946, il y a eu comme une accélération de la part de la communauté internationale dans la recherche de solution pour endiguer les violations des droits humains.

La volonté des Nations unies de protéger et promouvoir les droits humains s'est traduite par, non seulement l'adoption d'un grand nombre d'instruments juridiques, mais encore la mise en place de divers mécanismes. Ces derniers doivent veiller à la mise en œuvre des normes et mesures édictées par les premiers.

L'un des derniers mécanismes d'envergures chargés de surveiller le respect des droits humains au sein des États membres de l'ONU est le Conseil des droits de l'homme, dont la principale mission est d'examiner la situation des droits de l'homme et d'émettre des recommandations à l'adresse des États concernés.

Mis en place en 2006, le Conseil des droits de l'homme a remplacé la Commission des droits de l'Homme et est censé être plus efficace que celle-ci. Il est composé de 47 membres parmi lesquels le Burkina Faso, élu en 2008 puis en 2011.

Ce pays, loin de faire de la figuration a, à travers ses départements techniques tels le ministère en charge des droits humains, le ministère chargé des affaires étrangères et autres, pleinement contribué au fonctionnement de ce nouveau dispositif.

Madame Clarisse MERINDOL OUOBA, juriste spécialiste des questions des droits de l'homme, enseignante à l'université de Ouagadougou, qui a travaillé au sein du Ministère de la promotion des droits du Burkina Faso avant d'être nommée conseiller juridique à la Mission permanente du Burkina Faso auprès des Organismes des Nations unies basés à Genève, a été de toutes les étapes du mandat du Burkina Faso au sein de ce Conseil.

C'est donc en « actrice » avisée, que l'auteur de cet ouvrage, analyse la contribution de son pays à la consolidation du nouvel organe des Nations unies qui suscite tant d'espoir quant aux effets de son action en vue de parvenir à un changement de gouvernance des États par la prise en compte systématique de la dimension des droits humains dans leurs politiques de développement.

Pour les acteurs du domaine des droits humains, aussi bien les membres des organisations de la société civile que les États, ce livre est une source précieuse d'informations pertinentes sur le fonctionnement du Conseil, les actions entreprises par celui-ci ; il relève les acquis et les contraintes pour le Burkina Faso en cinq années de mandat, enfin il propose des perspectives…

Salamata SAWADOGO TAPSOBA

Magistrat ;

Ancien ministre de la Justice ;

Ancien ministre en charge des droits humains ;

Ancien ambassadeur ;

Ancienne Présidente de la Commission africaine des droits de l'homme et des peuples ;

INTRODUCTION

Le système des Nations Unies pour la promotion et la protection des droits de l'homme comporte deux types d'organismes : les premiers comprennent les organes prévus par la Charte des Nations Unies, dont la Commission des droits de l'homme, remplacée en 2006 par le Conseil des droits de l'homme, et les seconds les organes créés par les traités internationaux des droits de l'homme, que sont les organes de traités, auxquels les États doivent rendre périodiquement compte de la mise en œuvre des engagements contractés par ratification[1].

Notre analyse sur le rôle joué par le Burkina Faso au sein de l'un des principaux organes en charge des questions de droits de l'homme sera essentiellement centrée sur l'Organe intergouvernemental du système des Nations Unies qu'est le Conseil des Droits de l'Homme, dénommé le Conseil (en abrégé CDH), dont le pays est membre depuis 2008, avec un premier mandat qui a pris fin en mai 2011 et le second entamé depuis cette date avec un terme prévu en décembre 2014.

Composé de 47 États membres, le Conseil des Droits de l'Homme a la responsabilité de renforcer la promotion

---

[1] Neuf organes de traités sur les droits de l'homme veillent à la mise en œuvre des principaux traités internationaux sur les droits de l'homme : Le Comité des droits de l'homme (CCPR), le Comité des droits économiques, sociaux et culturels (CESCR), le Comité pour l'élimination de la discrimination raciale (CERD), le Comité pour l'élimination de la discrimination à l'égard des femmes (CEDAW), le Comité contre la torture (CAT), le Sous-comité pour la prévention de la torture (SPT), le Comité des droits de l'enfant (CRC), le Comité pour les droits des travailleurs migrants et des membres de leur famille (CMW), le Comité des droits des personnes handicapées (CRPD), le Comité contre les disparitions forcées (CED).

et la protection des droits de l'homme dans le monde. Il est le principal organe des Nations Unies en charge des droits de l'homme. Aussi, son but principal est d'aborder les situations de violations de droits de l'homme où qu'elles se commettent et d'émettre des recommandations à leur encontre. Recommandations qui se traduisent en grande majorité sous forme de résolutions ou de décisions que le Conseil adopte lors de ses sessions ordinaires ou extraordinaires, conformément à son mandat.

Créé par la résolution 60/251 de l'Assemblée Générale de l'Organisation des Nations Unies le 15 mars 2006 (adoptée par vote)[2], le Conseil des Droits de l'Homme remplace la Commission des Nations Unies aux Droits de l'Homme qui avait été mise en place en 1946, à laquelle on reprochera l'extrême politisation de ses décisions et une certaine partialité à l'égard des États dits « intouchables », auteurs de violations parfois flagrantes des droits de l'homme.

Sans entrer dans une analyse du fonctionnement de la Commission des Droits de l'homme qui a vécu plus d'un demi-siècle et dont les décisions étaient de plus en plus contestées par une grande partie de la communauté internationale[3], on peut noter en rappel qu'elle a été, jusqu'à la mise en place du Conseil des Droits de l'Homme, le plus important forum du monde consacré aux droits de l'homme.

---

[2] 170 voix pour, 4 contre (États-Unis, Îles Marshall, Israël et Palau) et 3 abstentions (Belarus, Iran, Venezuela).

[3] Cela n'étant d'ailleurs pas l'objet ici, même si certains reproches déjà formulés à l'encontre du fonctionnement du Conseil des droits de l'homme trouvent des similitudes avec ceux jadis adressés à l'ancienne Commission. Notamment la question de la politisation des décisions et le principe du deux poids deux mesures, qui donne parfois l'impression que la situation des droits de l'homme de certains pays est plus souvent sous examen, que celle chez d'autres, pourtant toutes aussi critiquables.

Créée au lendemain de la Seconde Guerre mondiale pour établir les bases juridiques de protection des droits humains fondamentaux après l'adoption de la Charte des Nations Unies un an plutôt, la Commission a étendu ses compétences au fil des années pour répondre de manière globale à un vaste éventail de problèmes liés aux droits humains[4]. Elle a ainsi établi des normes régissant la conduite des États en matière de garantie des droits de l'homme et a été une tribune dans laquelle tous les pays, quelle que soit leur taille, ainsi que toutes les organisations non gouvernementales (ONG) et les défenseurs des droits de l'homme ont pu faire entendre leur voix.

Madame Éléonore Roosevelt, Première dame des États-Unis, membre du Comité de rédaction de la Déclaration Universelle des Droits de l'Homme (DUDH) de 1948 en a été la Première Présidente. C'est dire l'intérêt porté par les fondateurs de la DUDH à la mise en place d'un organe capable de siéger et de délibérer sur les atteintes portées aux valeurs fondamentales, soigneusement consignées dans ce document essentiel, qui, bien que n'ayant pas un réel caractère impératif, injonctif ou contraignant pour les États, constitue la source des normes contemporaines de promotion et de protection des droits de la personne humaine.

En 1967, cette Commission avait entrepris les premières étapes de l'élargissement de son rôle de promotion des droits de l'homme en intégrant l'approche protection de ces droits par la mise en place d'un premier groupe d'experts chargés d'enquêter sur la situation des droits de l'homme, notamment en Afrique australe, et

---

[4] La terminologie « droits humains » qui se veut englober l'approche genre dans toutes ses composantes : hommes, femmes, enfants et toute autre catégorie de personnes dites vulnérables. Aussi, l'usage de l'une ou l'autre notion n'a aucun impact sur les droits définis dans les principaux textes relatifs aux droits et libertés individuels et collectifs.

plusieurs autres mécanismes d'experts différents ont mené des investigations sur les abus en matière de droits de l'homme dans différentes parties du monde.

Le mandat de l'organe s'est alors élargi au fil des années de son existence afin de répondre aux incessantes questions liées aux droits de l'homme. Ainsi, tout en étant le cadre de normalisation des règles de promotion et de protection des droits de l'homme fixant la conduite des États en la matière, la Commission fera également office de cadre privilégié où l'ensemble des acteurs de la communauté internationale ont pu faire entendre leurs préoccupations.

Cette Commission, qui était alors composée de 53 États membres, se réunissait chaque année à Genève pendant six semaines, en mars et avril, pour ses sessions ordinaires, auxquelles participaient plus de trois mille représentants d'États membres ou observateurs et des Organisations Non Gouvernementales. Plusieurs résolutions toutes relatives à la promotion et à la protection des droits de l'homme et sanctionnant les graves violations de ces droits dans différentes régions du monde et dans toutes sortes de situations ont ainsi pu être adoptées.

Aujourd'hui, le rclais est repris par le Conseil des droits de l'homme qui s'est doté, un an après avoir tenu sa première session, le 18 juin 2007 précisément, de ses règles de fonctionnement avec la résolution 5/1 du 18 juin 2007 et son annexe qui prévoit notamment les outils nécessaires à l'organe pour remplir sa mission. Parmi ces éléments on peut citer essentiellement :

-L'innovation majeure qu'est le mécanisme de l'Examen Périodique Universel ou EPU, qui permet d'évaluer la situation des droits de l'homme dans chacun des 193 États membres de l'Organisation des Nations Unies (ONU)[5].

-Un Comité consultatif qui a remplacé l'ancienne Sous-commission des droits de l'homme[6] et qui fait office de groupe de réflexion pour le Conseil, en lui fournissant expertises et avis sur des questions thématiques des droits de l'homme.

-Les Procédures de plaintes ou des requêtes, qui permettent à des individus et à des organismes de porter à la connaissance du Conseil les cas de graves violations des droits de l'homme. C'est dans ce cadre que l'Ambassadeur Représentant Permanent du Burkina Faso à Genève a été, pendant deux ans (de 2008 à 2010), membre du Groupe de travail des situations ayant à charge d'examiner les plaintes relatives aux graves violations des droits de l'homme soumises au Conseil.

-Les Procédures spéciales de l'ONU, avec lesquelles le Conseil des droits de l'homme continue également de travailler étroitement. Elles existaient déjà sous l'ancienne Commission des droits de l'homme et constituent encore aujourd'hui des mécanismes importants permettant au Conseil de veiller assez efficacement sur les atteintes aux droits de l'homme. Ces mécanismes

---

[5] Avec le Sud Soudan indépendant et reconnu comme tel par les Nations Unies depuis juillet 2011 et peut-être bientôt un nouvel État palestinien ?

[6] La Sous-commission de la promotion et de la protection des droits de l'homme était le principal organe subsidiaire de la Commission des droits de l'homme. Appelée à l'origine « Sous-commission de la lutte contre les mesures discriminatoires et de la protection des minorités, elle avait pour tâche essentielle de mener des études sur des questions touchant les droits de l'homme, d'adresser des recommandations en ce qui concerne la prévention de toutes les formes de discrimination en matière de droits de l'homme et de libertés fondamentales et la protection des minorités raciales, nationales, religieuses et linguistiques ». Elle était qualifiée de laboratoire d'idées de la Commission.

comprennent des experts, rapporteurs, représentants spéciaux et différents Groupes de travail qui œuvrent à la demande du Conseil, sur des questions auxquelles la communauté internationale attache une importance particulière. À cela il faut ajouter :

-Le Mécanisme d'experts sur les droits des peuples autochtones : Nouveau mécanisme des Nations Unies sur les droits des peuples autochtones. Il a été créé par le Conseil des droits de l'homme pour discuter des processus les plus appropriés dans la poursuite des travaux du Groupe de travail sur les populations autochtones. Composé de cinq membres, ce mécanisme d'experts dote le Conseil des droits de l'homme d'une expertise thématique sur les droits des peuples autochtones. Expertise fournie dans la manière et sous la forme voulue par le Conseil. Aussi, cette compétence thématique est essentiellement axée sur des études et des travaux de recherche présentés au Conseil sous forme de propositions pour examen et approbation. Ce mécanisme n'adopte par conséquent ni de résolutions ni de décisions, il se réunit une fois par an pendant cinq jours au plus. Ses sessions sont composées de séances publiques et privées, ouvertes à la participation, en qualité d'observateurs : des États, des mécanismes, organismes et institutions spécialisés, fonds et programme des Nations Unies ;organisations intergouvernementales, organisations et mécanismes régionaux dans le domaine des droits de l'homme, institutions nationales des droits de l'homme et autres organismes nationaux pertinents ; universitaires et experts des questions autochtones, organisations non-gouvernementales dotées du statut consultatif auprès du Conseil économique et social, ainsi que des organisations des peuples autochtones et toutes les autres dont les buts et objectifs sont conformes à l'esprit, aux buts et aux principes de la Charte des Nations Unies.

-Le Forum social : Il est un espace de dialogue entre représentants d'États membres de l'ONU, société civile et organisations intergouvernementales sur les questions liées à l'environnement national et international nécessaire à la promotion et à la jouissance par tous, de tous les droits humains. Le Forum social se réunit une fois par an.

Le Secrétaire Général des Nations Unies et le Haut-Commissaire des Nations Unies aux droits de l'homme (HCDH) offrent à l'ensemble de ces mécanismes l'assistance humaine, technique et financière nécessaire afin qu'ils puissent s'acquitter efficacement de leur mandat. C'est ainsi que le Bureau du Haut-commissariat aux droits de l'homme assure de manière habituelle le secrétariat de ces instances.

Le Haut-commissariat aux droits de l'homme a son siège à Genève. Il a pour mandat de promouvoir et protéger la jouissance et l'application par toutes les personnes de tous les droits proclamés par la Charte des Nations Unies ainsi que les lois et traités internationaux sur les droits de l'homme. Son travail repose sur le mandat que l'Assemblée Générale lui a confié dans sa résolution 48/141, la Charte des Nations Unies, la déclaration universelle des droits de l'homme et les instruments ultérieurs sur les droits de l'homme ; la déclaration de Vienne et le programme d'action de la conférence des droits de l'homme de 1993, ainsi que sur le document final du sommet mondial de 2005.

Le mandat de cet organe consiste à prévenir les violations des droits de l'homme et en garantir le respect, à promouvoir la coopération internationale en vue de protéger ces droits, coordonner les activités connexes de l'ensemble des Nations Unies, renforcer et intégrer les droits de l'homme dans tout le système des Nations Unies. En plus des responsabilités inhérentes à son mandat, le

Bureau du HCDH dirige les efforts visant à incorporer la perspective des droits de l'homme dans toutes les activités déployées par les organisations des Nations Unies.

Aussi, dans l'accomplissement de sa mission, le HCDH :

*Accorde la priorité aux violations les plus urgentes, aiguës et chroniques des droits de l'homme, en particulier celles qui constituent un péril immédiat pour la vie.

*Se concentre sur les personnes en péril et vulnérables sur plusieurs fronts.

*Accorde la même attention à tous les droits : civils, culturels, économiques, politiques et sociaux, y compris le droit au développement.

*Mesure l'impact de son œuvre en évaluant les avantages fondamentaux que les individus ont accumulés, grâce à lui dans le monde entier[7].

Au niveau opérationnel, le HCDH travaille avec les gouvernements, les appareils législatifs, les tribunaux, les institutions nationales, la société civile, les organisations régionales et internationales et le système des Nations Unies pour développer et renforcer les capacités de protection des droits de l'homme dans le cadre des normes internationales, notamment au niveau national.

Au niveau institutionnel, le HCDH s'efforce de consolider le programme des droits de l'homme des Nations Unies et lui apporte un soutien de haute qualité. Il collabore étroitement avec ses partenaires des Nations Unies pour faire en sorte que les droits de l'homme demeurent au cœur du travail des Nations Unies. La Sud-

---

[7] Cité dans le rôle du Haut commissariat aux droits de l'homme sur le site www.ohrc.org.

Africaine Navanethem Pillay est l'actuel Haut-Commissaire depuis septembre 2008.

En prenant la décision d'être membre du Conseil en 2008, le Burkina Faso a voulu traduire au niveau international son engagement national pour la promotion et la défense des droits de l'homme et affirmer ses préoccupations en matière de protection de ces droits au niveau international.

C'est dans ce sens que, dans la note relative à sa candidature pour son second mandat, le pays avait clairement manifesté son attachement aux valeurs fondamentales de ces droits, qui sont consignés dans plusieurs textes internationaux et régionaux qu'il s'efforce de rendre effectifs au niveau national, en conformant le plus possible son droit interne aux obligations internationales et régionales auxquelles il a volontairement souscrit.

En effet, la mise en place d'un Ministère de la Promotion des Droits Humains en 2004[8] confortait, déjà bien avant son entrée au Conseil des droits de l'homme, la volonté du Burkina Faso de promouvoir et protéger les droits humains non seulement pour sa population mais également au-delà, pour tous les peuples du monde.

Cela se traduit aussi dans les engagements du Président burkinabé à accompagner plusieurs pays en crise vers un retour à la paix, conformément aux principes constitutionnalistes qui se traduisent par l'instauration d'Etats de droit démocratiques, garants des droits et libertés individuels et collectifs.

---

[8] Qui fut un temps fusionné au Ministère de la Justice avant de redevenir le Ministère des droits humains et de la promotion civique.

I
BREF APERÇU SUR L'ORGANISATION ET LE FONCTIONNEMENT DU CONSEIL DES DROITS DE L'HOMME

La résolution 60/251 du 15 mars 2006 de l'Assemblée Générale des Nations Unies a fait du Conseil des droits de l'homme son organe subsidiaire. Le Conseil lui fait par conséquent un rapport de ses activités annuellement.

A- Composition du Conseil des droits de l'homme

Quarante-sept États, élus à la majorité absolue de l'Assemblée Générale, pour une durée de 3 ans et immédiatement rééligibles une seule fois pour la même durée, composent le Conseil des droits de l'homme. Les dernières élections qui ont eu lieu à New York en novembre 2012 donnent la composition suivante selon les Groupes régionaux et la date de fin de leur mandat[9] :

-Treize États africains : Angola (2013), Bénin (2014), Botswana (2014), Burkina Faso (2014)[10], Congo (2014), Côte d'Ivoire (2015), Gabon (2015), Kenya

[9] L'année représente le terme du mandat ; le premier pour certains, qui peuvent briguer à nouveau un deuxième mandat de trois ans et le dernier pour d'autres, dans le cycle des mandats, en conformité avec la répartition par groupe régional. C'est le cas pour le Burkina Faso.

[10] Le Burkina Faso a été réélu à une très large majorité en mai 2011 pour un deuxième mandat de trois ans. Le premier mandat avait couvert la période 2008-2011.

(2015), Lybie (2013)[11], Mauritanie (2013), Ouganda (2013), Sierra Leone (2015).

-Treize États d'Asie Pacifique : Émirats Arabes Unis (2015), Inde (2014), Indonésie (2014), Japon (2015), Kazakhstan (2015), Koweït (2014), Maldives (2013), Malaisie (2013), Pakistan (2015), Philippines (2014), Qatar (2013), République de Corée (2015), Thaïlande (2013).

-Six États d'Europe de l'Est : Estonie (2015), République Tchèque (2014), Monténégro (2015), Pologne (2013)[12], République de Moldavie (2013), Roumanie (2014).

-Huit États d'Amérique Latine et des Caraïbes : Argentine (2015), Brésil (2015), Chili (2014), Costa Rica (2014), Équateur (2013), Guatemala (2013), Pérou (2014), Venezuela (République bolivarienne du) (2015).

-Sept États d'Europe de l'ouest et autres : Allemagne (2015), Australie (2014), Irlande (2015), Italie (2014), Espagne (2013), Suisse (2013) et États-Unis d'Amérique (2015).

Après six ans, l'État qui fut déjà membre doit patienter au moins pendant un an avant de pouvoir à nouveau faire acte de candidature. Le conseil est renouvelable par tiers tous les ans.

En plus des membres auxquels revient la charge d'adopter les résolutions et autres décisions du Conseil, tout État membre des Nations Unies peut prendre part aux

---

[11] Il faut noter que le pays avait été sous le coup d'une suspension de son mandat de membre du Conseil par l'Assemblée Générale des Nations Unies en février 2011, suite aux violations graves des droits de l'homme pendant la révolte contre le régime du Colonel Kadhafi. Il a toutefois retrouvé son siège de membre au Conseil en novembre 2011. Ce fut le premier État membre à être exclu du Conseil depuis la création de l'organe.

[12] Dont l'Ambassadeur est le Président du Conseil jusqu'à la fin du mandat du pays.

sessions de l'organe. Le plus souvent, le suivi des activités au sein du Conseil est assuré par les représentations permanentes des pays auprès de l'Office des Nations Unies à Genève, qui sont périodiquement soutenues par des délégations en provenance des capitales, notamment lors de ses sessions.

La première session ordinaire annuelle du Conseil, fixée au mois de mars, offre également l'opportunité, aux hauts représentants des États, dans des segments de hauts niveaux, de venir communiquer des informations sur les actions de leurs gouvernements en matière de promotion et de protection des droits de l'homme et apprécier le travail de l'organe.

C'est par exemple le cas de la délégation du Burkina Faso qui, jusque-là, est conduite à cette occasion par le Ministre en charge des Droits Humains qui intervient devant le Conseil pour faire état des avancées et projets en cours en matière de promotion et de protection des droits humains au niveau national[13].

B- Organisation et Fonctionnement du Conseil des droits de l'homme

En conformité avec les résolutions 60/251 de l'Assemblée Générale de l'ONU et 5/1 du Conseil du 18 juin 2007, le Conseil des droits de l'homme se réunit régulièrement tout au long de l'année civile et tient trois sessions annuelles ordinaires dont la première et la plus importante en mars (notamment du fait de la durée de cette session et de l'existence du segment de haut niveau), la deuxième en juin et la troisième en septembre. En plus de cela, le Conseil, dont la mission est de se pencher sur

[13] Il faut toutefois noter qu'une personnalité de haut rang, représentant d'un État membre des Nations Unies, peut demander à intervenir devant le Conseil à chacune de ses sessions.

toutes les violations des droits de l'homme qui requièrent son attention, peut se réunir en session extraordinaire ou spéciale, dès lors qu'un de ses membres le souhaite et est appuyé par le tiers des autres membres.

À ce jour, le Conseil comptabilise à son actif presqu'autant de sessions ordinaires que spéciales, soit vingt et une sessions ordinaires et dix-neuf sessions spéciales ou extraordinaires[14]. De même, par l'intermédiaire de son Groupe de Travail pour l'Examen Périodique Universel (EPU) il a examiné la situation des droits de l'Homme de la quasi-totalité des 193 Etats membres de l'Organisation des Nations Unies et a ainsi clos le premier cycle de ce processus en mai 2012[15].

Les méthodes de travail du Conseil tiennent fermement compte du Règlement intérieur de l'Assemblée Générale et sont conformes aux résolutions 60/251 et 5/1. Elles sont basées sur les principes de transparence, d'impartialité, d'équité, de loyauté, de pragmatisme et doivent favoriser la clarté, la prévisibilité et n'exclure aucun groupe. Elles peuvent aussi être actualisées et aménagées au fil du temps.

1- Les sessions ordinaires du Conseil des droits de l'homme

Le Conseil des droits de l'homme se réunit régulièrement tout au long de l'année et tient au minimum trois sessions par cycle annuel, dont une session principale qui dure au moins dix semaines tel que stipulé à l'article 2 de la résolution 5/1.

---

[14] Le nombre important de sessions spéciales suscite déjà de vives critiques sur le rôle du Conseil, qui doit être dans l'action quotidienne et non faire, de situations de violations latentes ou quasi prévisibles, des situations d'urgence. Voir l'ensemble des sessions extraordinaires sur le site du Haut ccommissariat des Nations Unies aux droits de l'homme.

[15] Analyse du processus de l'EPU un peu plus loin.

Depuis sa création, le Conseil a adopté plusieurs résolutions sur des sujets divers relatifs aux droits civils et politiques, économiques, sociaux et culturels, au droit au développement, etc. 108 résolutions ont par exemple été adoptées en 2011, contre 80 en 2010[16].

Ces sessions s'articulent en dix points constituant l'ordre du jour du Conseil que sont : les questions d'organisation et de procédure ; le Rapport du Haut-commissaire des Nations Unies aux droits de l'homme et le rapport du Haut-commissaire et du Secrétaire Général ; la Promotion et la protection de tous les droits de l'homme, civils, politiques, économiques, sociaux et culturels, y compris le droit au développement ; les situations relatives aux droits de l'homme qui requièrent l'attention du Conseil ; les Organismes et mécanismes de protection des droits de l'homme ; l'Examen périodique universel ; la situation des droits de l'homme en Palestine et dans les autres territoires arabes occupés ; le suivi et l'application de la Déclaration et du Programme d'action de Vienne ; le racisme, la discrimination raciale, la xénophobie et l'intolérance qui y est associée ; le suivi et l'application de la Déclaration et du Programme d'action de Durban ; l'Assistance technique et le renforcement des capacités.

Chacun des points permettant de discuter le contenu précis notamment :

-Les questions d'organisation et de procédure comprennent :

[16] Consulter le site internet du HCDH, dans la rubrique Conseil des droits de l'Homme : www.ohchr.org. Notamment dans la partie rapports du Haut commissaire. Pour les résolutions, consulter le site extranet du Conseil : hrc extranet. Avec le code 1session.

*l'élection du Bureau,

*l'adoption du programme de travail annuel,

*l'adoption du programme de travail de la session et questions diverses,

*la sélection et la nomination des titulaires de mandats,[17]

*l'élection des membres du Comité consultatif du Conseil des droits de l'homme,

*l'adoption du rapport de la session, qui est fait par l'un des États membres du Conseil (Vice-président ou rapporteur),

*l'adoption du rapport annuel.

-Les rapports du Haut-commissaire des Nations Unies aux droits de l'homme et du Secrétaire Général :

*Les deux organes présentent leurs rapports ou des mises à jour y relatifs, dans ce point.

-La promotion et la protection de tous les droits de l'homme, civils, politiques, économiques, sociaux et culturels, y compris le droit au développement, permettent d'aborder les questions liées :

*aux droits économiques, sociaux et culturels,

*aux droits civils et politiques,

*aux droits des peuples, des groupes et individus particuliers,

*au droit au développement,

*l'interdépendance des droits de l'homme et de toute autre question thématique relative aux droits de l'homme.

-Les situations relatives aux droits de l'homme qui requièrent l'attention du Conseil :

---

[17] Au titre des procédures spéciales.

*en général le Conseil fait ici le point sur une situation des droits de l'homme qui retient son attention ou qui l'a retenue lors d'une des sessions ordinaires ou/ et extraordinaires et ayant nécessité le recours à un de ses mécanismes spéciaux (commission d'enquête, mission d'enquête, rapport spécial, expert etc.).

-Les organismes et mécanismes de protection des droits de l'homme :

*Il est fait ici rapport des activités du Comité consultatif du Conseil et rapport des procédures de requête. Notamment rapport du Groupe de travail des situations qui rend compte et soumet au Conseil les résultats de ses délibérations, suite à des plaintes dont il a été saisi, sous forme de communications transmises au préalable par le Groupe des communications[18].

-L'Examen périodique universel ou EPU :

*il s'agit ici pour le Conseil d'adopter les rapports des pays préalablement passés sous examen devant le Groupe de travail de l'EPU.

-La situation des droits de l'homme en Palestine et dans les autres territoires arabes occupés[19].On aborde ici :

*les questions liées au droit du peuple palestinien à l'autodétermination,

*les questions liées aux violations des droits de l'homme et les incidences de l'occupation par Israël de la Palestine et des autres territoires arabes.

-La Déclaration et le Programme d'Action de Vienne :

---

[18] Voir plus loin sur ces organes.

[19] Le maintien permanent de ce point dans l'ordre du jour du Conseil est de plus en plus remis en cause par Israël et plusieurs délégations au sein du Conseil.

*ce point permet d'aborder la mise en œuvre de ces textes, qui définissent, d'une part, les principes généraux des droits de l'homme et, d'autre part, les meilleurs moyens de renforcer les structures de promotion et de protection des droits de l'homme et des libertés fondamentales.

-Le racisme, la discrimination raciale, la xénophobie et l'intolérance qui y est associée -suivi et application de la Déclaration et du Programme d'Action de Durban (DPAD):

*des Experts indépendants ou Rapporteurs spéciaux viennent ici rendre compte au Conseil de sujets relatifs à ces questions, sur lesquels ils ont travaillé, généralement en collaboration avec les États auprès desquels ils sollicitent des informations sur la base de questionnaires la plupart du temps. Les échanges sur ce point peuvent aussi s'appuyer sur un panel organisé au cours de la session, qui permet la participation de personnes ou organismes ressources, travaillant ou ayant comme centre d'intérêt les questions de racisme, de discrimination raciale, de xénophobie et l'intolérance qui y est associée.

-Assistance technique et renforcement des capacités :

*le Conseil aborde ici des questions liées à l'assistance technique que le Haut-Commissariat apporte ou devrait apporter aux États, soit parce que ces derniers l'ont sollicité, soit que le Conseil en a ainsi décidé dans une de ses résolutions, ou que le Haut-Commissariat y possède déjà une représentation.

L'ensemble de ces points de l'ordre du jour s'appuie également sur plusieurs principes définis dans la résolution 5/1, à savoir : l'universalité, l'impartialité, l'objectivité, la non sélectivité, le dialogue constructif et la coopération, la prévisibilité, la flexibilité, la transparence, l'obligation de rendre des comptes, l'équilibre, l'absence d'exclusion et la participation de tous, la perspective de genre, l'application et le suivi des décisions.

Il s'agit là de beaux principes soigneusement listés, qui intègrent les fondements essentiels devant inspirer l'ensemble des négociations et l'adoption des décisions au sein du Conseil. Reste que la réalité est parfois un peu décalée de ces idéaux de base.

Lorsque le Conseil aborde ces dix points de son ordre du jour, les contributions du Burkina Faso aux débats dépendent de l'intérêt que revêtent les questions et problématiques abordées pour le pays au niveau national, ou sont fonction de la conjoncture internationale ou régionale sur celles-ci.

Aussi, la délégation qui prend part à la session fait des déclarations sur les points de l'ordre du jour jugés conjoncturellement importants pour le pays, soit pour apprécier les rapports et recommandations soumis, soit pour faire valoir l'expérience du Burkina Faso ou les deux à la fois. À souligner que les points sur lesquels le pays pourrait intervenir sont préalablement identifiés par la Mission Permanente du Burkina à Genève (en charge du suivi des travaux du Conseil), sur la base des éléments soumis par les délégations au Conseil lors de la session préparatoire, à laquelle prennent part les Conseillers de la mission en charge de droits de l'homme.

Des suggestions sur les possibilités ou nécessités d'interventions dans les points identifiés sont par la suite transmises au Ministre des Affaires Étrangères et de la Coopération Régionale (avec copie au Ministre en charge des droits humains) dans le rapport de session préparatoire. La Mission Permanente reçoit alors en retour l'accord pour intervenir sur les points identifiés.

Les interventions des délégations au sein du conseil pendant les débats n'excèdent en général pas 5 minutes pour les États membres, et 3 pour les non membres. Pour les ONG, ce temps est réduit à 2 minutes. Bien que cette limitation du temps de parole soit souvent critiquée par les délégations, c'est le seul moyen pour permettre à un grand nombre d'entre elles de pouvoir s'exprimer.

La délégation du Burkina Faso aux sessions ordinaires du Conseil se compose le plus souvent et spécifiquement pour la première session annuelle de l'année, au mois de mars[20], du Ministre en charge des droits humains, accompagné de ses conseillers et directeurs, de l'Ambassadeur Représentant Permanent du Burkina Faso à Genève et des conseillers en charge des questions de droits de l'homme, de représentants du Ministère des Affaires Étrangères et de la Coopération Régionale, ainsi que de conseillers de la Mission Permanente du Burkina Faso à New York[21].

Les sessions ordinaires du Conseil sont sanctionnées par plusieurs résolutions et décisions, adoptées soit par consensus et sans vote, soit à la suite d'une mise aux voix, tant les divergences sont énormes. Cette étape décisionnelle étant l'occasion par excellence pour le Burkina Faso d'exprimer ses positions.

2- Les sessions extraordinaires

Comme souligné précédemment, le Conseil des droits de l'homme a aujourd'hui vingt et une sessions spéciales à

---

[20] Les deux autres sessions de juin et septembre sont généralement exclusivement couvertes par la Mission Permanente à Genève.

[21] L'inverse devrait être possible également, à savoir que les conseillers de la Mission Permanente à Genève, en charge des questions de droits de l'homme, devraient pouvoir prendre part aux sessions de l'Assemblée Générale à New York, afin de suivre les rapports qui y sont faits par le Conseil et le HCDH et qui ouvrent parfois la porte à la poursuite des projets ou décisions du Conseil.

son actif, dont la dernière, à la rédaction de notre analyse, a essentiellement porté sur la situation des droits de l'homme en République Arabe Syrienne depuis la révolte entamée contre le régime de Bachar El-Asad.

Les sessions extraordinaires se tiennent de manière ponctuelle et sont par conséquent fortement tributaires d'une situation conjoncturelle de graves violations des droits de l'homme dans un pays. Dans la pratique, elles se tiennent lorsqu'un tiers des États membres, (soit au moins 15 pays), jugent que la situation des droits de l'homme au sein d'un État, à un moment donné, nécessite une attention particulière et une réaction rapide du Conseil, dans le but de la faire cesser.

Ces sessions concernent donc dans leur quasi-totalité des situations de droits de l'homme dans des pays où les violations de ces droits sont estimées graves et massives ou risquent fortement de le devenir si le Conseil n'agissait pas (révoltes, crises politiques, catastrophes naturelles etc.)[22]. À cela, il faut ajouter également les débats urgents qui peuvent être initiés pendant une session ordinaire et relatifs à des situations d'urgence, nécessitant une décision rapide du Conseil. Ces débats sont en fait des mini-sessions spéciales qui viennent se greffer à la session ordinaire. Le dernier en date étant le débat urgent organisé pendant la 19ème session ordinaire du Conseil en mars 2012, sur l'escalade de la violence et la violation des droits de l'homme en République Arabe Syrienne.

Toute session extraordinaire fait l'objet d'une résolution sur le point abordé, et pour qu'un texte relatif à un pays donné soit soumis au Conseil, le soutien d'un minimum de 15 États membres est également requis. Cela ne pose en généralement pas de problème, dans la mesure

---

[22] Cas avec Haïti qui avait subi un tremblement de terre avec des conséquences désastreuses, mais là, il s'agissait spécifiquement d'une demande d'assistance technique et humanitaire pour le pays.

où les initiateurs de la session sont le plus souvent les coauteurs du texte soumis à l'adoption du Conseil.

À ce jour, aucune session extraordinaire n'a porté sur la situation des droits de l'homme au Burkina Faso et cela est un point positif pour le pays, bien que le fait que le Conseil ne se penche pas en urgence sur l'état des droits de l'homme dans un État ne traduise en rien une nécessité latente telle que formulée à l'article 6 de la résolution5/1[23]. De même, qu'aucune session extraordinaire n'a été tenue sur initiative du Burkina Faso. Le pays s'est toujours contenté de cautionner ou pas, à titre individuel ou comme membre du Groupe africain au sein du Conseil, la tenue de ces sessions. Cautionnement qui se fait par signature de la liste des co-sponsors soutenant l'initiative de tenue de la session.

À ce niveau aussi, il faut mentionner le fait que le Burkina adopte de moins en moins la position de co-parrain pour la tenue des sessions, sans que cela ne préjuge toutefois de la position qu'il prendra lors du vote. Il est donc arrivé que le pays ne soutienne pas la tenue de la session et vote en faveur du texte mis aux voix lors de son adoption. Ce fut le cas récemment avec les résolutions sur la Syrie[24]. Alors que l'un des textes adoptés par

---

[23] Il a été dans ce sens reproché au Conseil, comme ce fut le cas avec la Commission en son temps, d'avoir une politique de deux poids deux mesures, en ne décidant pas de tenir des sessions extraordinaires sur des pays auxquels plusieurs membres de la communauté internationale reprochaient officiellement des violations flagrantes de droits de l'homme, alors que des sessions étaient organisées pour d'autres. On pourrait même parfois se demander, sans citer d'exemples particuliers ni remettre en cause la nécessaire tenue de sessions spéciales, si certaines sessions spéciales ne sont pas initiées pour faire valoir une position géostratégique ! Notamment lorsqu'on fait le bilan sur la mise en œuvre réelle des résolutions adoptées par le Conseil dans certains cas.

[24] Voir les positions du pays sur le site extranet du HCDH dans la rubrique résolutions et décisions du Conseil.

l'Assemblée Générale des Nations Unies sur la même question avait été coparrainé par le pays. Cette attitude ambivalente devra par conséquent trouver un solutionnement en uniformisant les positions, au moins le temps de la crise, objet des textes proposés.

Mais avant la tenue de ces réunions d'importance pour le Conseil, plusieurs aménagements sont faits afin de permettre un meilleur déroulement des débats et l'obtention de décisions de consensus, à défaut d'unanimité, rare d'ailleurs au sein de l'organe, tant ses sujets de débats et de décisions sont politiquement sensibles et touchent souvent à la souveraineté des États.

C- Les arrangements institutionnels

Il s'agit notamment des réunions d'information sur les futures résolutions ou décisions du Conseil, ainsi que des négociations formelles et informelles. Ils existaient déjà dans l'ancienne Commission.

1-Les Réunions d'information sur les projets de résolutions ou de décisions

Le point VI de l'annexe de la résolution 5/1 précise que : « Les méthodes de travail du Conseil, conformément à la résolution 60/251 de l'Assemblée Générale, devraient être transparentes, impartiales, équitables, loyales et pragmatiques, favoriser la clarté et la prévisibilité et n'exclure aucun groupe. Elles peuvent aussi être actualisées et aménagées au fil du temps ».

C'est dans ce sens que les réunions d'information concernant les futures résolutions ou décisions du Conseil sont prévues. Elles ont un caractère purement informatif et par conséquent pour but d'informer les délégations sur les projets de résolutions et de décisions qui seront soumis au Conseil. Elles sont organisées par les délégations qui en sont auteurs.

C'est également dans ce cadre que le Président ou la Présidente du Conseil organise des réunions d'information ouvertes à l'ensemble des délégations sur les résolutions, décisions et autres questions connexes, afin de permettre à chacune d'être informée sur l'état des négociations, de manière à leur donner une vue d'ensemble sur l'avancement de ces textes.

2-Les consultations informelles sur les projets de texte tenues à l'initiative des principaux auteurs

Avant l'adoption des résolutions et décisions par le Conseil, en session ordinaire ou extraordinaire, les principaux auteurs des projets de résolutions ou décisions qui seront soumis au Conseil, sont tenus d'organiser des réunions ouvertes à l'ensemble des délégations afin d'offrir un cadre de négociations des textes. Ces négociations se déroulent essentiellement dans le cadre de consultations informelles. Chaque projet de résolution et/ou de décision devant faire l'objet d'au moins une consultation informelle ouverte avant que le Conseil ne l'examine pour statuer. La date des consultations devant, autant que faire se peut, être fixée en temps utile, dans la transparence, en tenant compte des contraintes des délégations, en particulier de celles disposant d'un nombre assez restreint de représentants. Cela fait référence aux délégations des pays comme le Burkina Faso, qui ne disposent pas d'un effectif assez important pour couvrir l'ensemble des réunions et faire prendre en compte les préoccupations nationales sur l'ensemble des sujets abordés, surtout pendant les sessions ordinaires[25].

La solution adoptée consiste alors, malheureusement, à faire une sélection des sujets qui présentent un intérêt national immédiat et de s'impliquer au mieux lors des

[25] La session spéciale n'abordant qu'un sujet précis.

négociations. Mais là aussi, il faut noter, d'une part, l'incapacité parfois de la délégation burkinabé à exprimer ses positions dans les débats, faute d'instructions claires sur la conduite à tenir dans certaines problématiques en lice, et, d'autre part, les limites dans la maîtrise de la langue anglaise employée lors des négociations informelles pour les délégations francophones en général. L'anglais devient ainsi la langue du consensus en quelque sorte, malgré les appels lancés par les délégations francophones. Le Conseil et le Haut-commissariat des Nations Unies aux droits de l'homme (HCDH) ne disposant pas de fonds suffisants pour permettre aux délégations de bénéficier de traduction et d'interprétation[26].

Malgré ces contraintes, la délégation burkinabé prend toujours part aux rencontres, avec des initiatives portées en coparrainage avec d'autres pays. Le Burkina Faso est, par exemple, coauteur avec la Colombie et la Nouvelle-Zélande des résolutions du Conseil sur la mortalité et la morbidité maternelles évitables et les droits de l'homme[27] et, dans ce cadre, initie et assure avec eux les négociations informelles avec l'ensemble des délégations, qui ont permis jusque-là l'adoption sans mise aux voix des résolutions relatives à la thématique.

D- Le parrainage des initiatives et leur adoption par le Conseil

Toute initiative introduite au Conseil se fait sous forme de projet de résolution, décision ou de déclaration.

---

[26] Il arrive que cela se fasse, mais à la charge des délégations organisatrices de la réunion informelle, le plus souvent francophones, qui ont à cœur de se faire comprendre par les partenaires anglophones, et surtout de s'exprimer aisément.

[27] Résolutions A/HRC/15/L.17 de septembre 2010 et A/HRC/ 18/L.8 de septembre 2011 du Conseil des droits de l'homme.

Et bien que ces trois textes ne revêtent pas la même force juridique qu'une convention, leurs auteurs souhaitent le plus grand nombre de soutiens possible, afin de traduire l'importance que revêt l'objet du texte pour le Conseil, afin de favoriser ainsi sa prise en compte par les acteurs de la communauté internationale.

La recherche de coauteurs est donc un exercice qui revêt toute son importance au sein du Conseil ; qu'il s'agisse d'une déclaration condamnant des violations de droits de l'homme, appelant à une attention particulière du Conseil sur une situation donnée, ou d'un projet de résolution qui suscite ou non des réticences avant la soumission au Conseil.

Pour la première, cela peut avoir moins d'impact sur la communauté internationale, compte tenu de sa nature juridique même (pas de force injonctive ou impérative réelle pour les États), mais pour les résolutions, le faible taux de parrainage réduit considérablement les marges de leur prise en compte réelle par les acteurs de la communauté internationale et par conséquent de leur mise en œuvre.

Le Burkina Faso a commencé à exprimer ses positions au Conseil à compter de sa 9e session ordinaire en septembre 2008, d'une part, dans les négociations sur les projets de résolutions qui ont été soumis à l'adoption du Conseil et, d'autre part, lors du vote de celles-ci.

L'expression des positions se manifeste donc dans le faire-valoir des positions de principes du pays lors des échanges informels qui précèdent l'adoption de résolutions ou de décisions, que ce soit au sein des réunions organisées par le Groupe africain (dont l'objectif principal consiste le plus souvent à conforter une position commune de ses États membres, face aux enjeux en cours et aux positions des autres Groupes régionaux) ou que ce soit lors des prises de positions proprement dites, à savoir le vote des résolutions.

En effet, comme cela se passe dans d'autres instances de la diplomatie, les Groupes régionaux[28] jouent un rôle important pendant les négociations et durant tout le processus d'adoption des résolutions et décisions du Conseil. Des textes dont ils peuvent également être les auteurs. Ils servent de cadre d'échange permettant aux délégations des pays qui en sont membres de conforter leurs positions avant l'adoption des textes.

Le Burkina pour sa part, on peut le dire, joue un rôle dont l'importance est reconnue par la grande majorité des délégations au Conseil, qui le sollicitent souvent comme membre susceptible de soutenir leurs initiatives ou d'inciter d'autres pays à le faire. Et depuis son entrée au Conseil, le pays a soutenu la quasi-totalité des initiatives émanant du Groupe africain ou d'autres groupes dès lors que ce qu'ils proposent n'est pas en contradiction avec la politique nationale ou régionale africaine sur ces questions.

Il est cependant arrivé qu'il soit face à des initiatives qui ne correspondaient pas à sa vision nationale de gestion de la problématique ou qui n'avaient pas encore fait l'objet d'une réflexion poussée au niveau national (chose courante du reste pour l'ensemble des États, d'où l'intérêt justement de débattre de ces questions). Ce fut le cas par exemple avec la résolution sur la diffamation des religions ou sur la question de l'orientation sexuelle

---

[28] Groupe africain, Groupe arabe, Groupe des États membres de l'Union Européenne, États-Unis, Groupe des États membres de l'Organisation de la Conférence Islamique (OCI), Groupe des États d'Amérique Latine et des Caraïbes (GRULAC), Groupe des États Non Alignés (NAM). Le Burkina Faso étant membre du Groupe africain, de l'OCI et du NAM.

(l'homosexualité notamment, qui ne fait l'objet d'aucune législation précise au niveau national, ni en termes de sanction ni en termes de reconnaissance de droits particuliers). Sur ces deux questions par exemple, la position du Burkina Faso avait été l'abstention lors des votes.

Les travaux du Conseil sont organisés et appuyés par le HCDH qui a pour mandat de promouvoir et protéger la jouissance et l'application par toutes les personnes de tous les droits proclamés dans la Charte des Nations Unies, ainsi que ceux consacrés dans les traités internationaux sur les droits de l'homme. Le secrétariat du Haut-commissariat sert de secrétariat au Conseil et lui apporte le soutien nécessaire dans le déroulement de ses travaux, aussi bien pour la tenue des sessions ordinaires qu'extraordinaires. Il assure également les travaux du Comité consultatif des droits de l'homme.

II
LES PRINCIPAUX MÉCANISMES ET MANDATS DU CONSEIL DES DROITS DE L'HOMME

Il sera ici question de quatre principaux mécanismes qui constituent les axes phares des actions du Conseil des droits de l'homme. Il s'agit notamment :

*du mécanisme d'Examen périodique universel (EPU)[29],

*des Procédures spéciales, avec les mandats assurés par les Rapporteurs spéciaux, Experts indépendants, Groupes de travail et autres Représentants spéciaux,

* des Procédés de plaintes et

* du Comité consultatif.

L'ensemble de ces mécanismes ayant comme objectif de permettre au Conseil de mener efficacement ses missions.

A- Les Procédures Spéciales

Elles désignent un certain nombre de mécanismes déjà présents sous la Commission des droits de l'homme et repris par le Conseil pour gérer des situations particulières dans des pays, ou d'entamer et consolider des réflexions sur des questions thématiques dans toutes les régions du monde. Ces procédures spéciales sont représentées soit par des personnes physiques : Rapporteurs spéciaux, Représentants spéciaux, Experts

[29] Ce mécanisme sera abordé en dernière partie de ce point II, afin de donner une large visibilité sur l'examen du Burkina Faso.

indépendants ou Groupes de travail. Ces personnes sont nommées et le Groupe établi, tous par le Conseil, pour travailler volontairement sur un pays ou sur des mandats thématiques.

Plusieurs Groupes de travail ont été créés à ce jour et travaillent en conformité avec les mandats qui leur sont définis par le Conseil.

Les mandats des procédures spéciales sont de deux types principalement :

-ils peuvent charger leurs titulaires d'examiner, de superviser, de conseiller et faire rapport sur les situations des droits de l'homme dans des pays ou territoires donnés : ce sont les mandats par pays ou,

-leur demander d'investiguer sur des phénomènes graves de violations des droits de l'homme dans le monde entier : ce sont les mandats thématiques.

Les détenteurs de mandats thématiques sont chargés d'enquêter sur la situation des droits de l'homme dans toutes les régions du monde, indépendamment de la question de savoir si tel ou tel État est partie à l'un ou l'autre des traités pertinents sur les droits de l'homme. Il leur faut donc prendre les mesures nécessaires pour suivre et réagir promptement aux allégations de violations des droits de l'homme portées contre des individus ou des groupes, soit dans une approche globale, soit dans un pays ou un territoire particulier, et rendre compte de leurs activités.

Dans le cas des mandats par pays, les titulaires de mandats sont invités à prendre pleinement en considération l'ensemble des droits humains (civils, culturels, économiques, politiques et sociaux etc.) sauf instructions contraires clairement exprimées par la résolution du Conseil créant le mandat.

En résumé, les principales fonctions des procédures spéciales consistent notamment à :

-analyser la question thématique pertinente ou la situation d'un pays pour le compte de la communauté internationale,

-assister le ou les gouvernements concernés et autres acteurs intéressés en les conseillant sur les mesures à prendre,

-alerter les organes et organismes des Nations Unies et la communauté internationale en général, quant à la nécessité de traiter certaines situations et questions spécifiques. Il leur revient à cet égard de jouer le rôle de mécanisme d'alerte rapide et de recommander l'adoption de mesures de prévention.

-agir pour la défense des victimes de violations des droits de l'homme, en demandant notamment l'adoption de mesures urgentes par les États concernés, en invitant les gouvernements à répondre aux allégations de violations portées contre eux et à fournir réparation aux victimes. C'est par exemple le rôle du Groupe de travail des communications et de celui des situations.

-appeler à agir, et mobiliser la communauté internationale et les communautés nationales pour traiter des questions particulières concernant les droits de l'homme ; encourager la coopération entre les gouvernements, la société civile et les organisations intergouvernementales.

Les procédures spéciales peuvent également déployer plusieurs types d'activités, notamment répondre à des plaintes individuelles, effectuer des études, conseiller en matière de coopération technique au niveau des pays, assurer des activités générales de promotion des droits de l'homme. Ils font rapport au Conseil, avec des recommandations à l'appui.

Leurs mandats sont constitués et définis par les résolutions qui les instaurent, et la pratique générale consiste à fixer la durée des mandats par pays à un an renouvelable annuellement, et celle des mandats thématiques à trois ans. Il est donc à souligner que, depuis la création du Conseil et l'activation des mécanismes en son sein, plusieurs mandats thématiques ou par pays ont été créés, renouvelés ou supprimés.

Les titulaires de ces mandats agissent à titre individuel. Ils ne perçoivent aucun salaire ni compensation financière. Ce statut d'indépendance étant essentiel pour leur permettre de s'acquitter de leur fonction en toute impartialité. Dans le cadre de leurs activités, la plupart des procédures spéciales reçoivent des informations sur des allégations spécifiques de violations des droits de l'homme et envoient des appels urgents ou des lettres d'allégations aux gouvernements afin d'obtenir des explications[30].

Appuyées par le HCDH dans le cadre de leurs investigations, les procédures spéciales effectuent des visites dans les pays[31] pour enquêter sur place. Dans la pratique, des lettres sont envoyées aux gouvernements des pays concernés et accusés de violer les droits, afin de solliciter leur accord pour la visite. Lorsque le gouvernement accepte, il répond alors au titulaire de mandat par une lettre d'invitation.

Il arrive que certains pays adressent une "invitation permanente" aux procédures spéciales, ce qui signifie qu'ils sont disposés à accueillir tous les titulaires de mandats. Par exemple, au 31 mai 2011, 86 pays avaient

---

[30] En 2010, elles ont envoyé 604 communications aux gouvernements de 110 pays. 66% d'entre elles étaient des communications conjointes de deux ou plusieurs titulaires de mandats.

[31] Ce sont les missions d'enquête.

adressé une invitation permanente aux procédures spéciales[32].

Les titulaires de ces procédures répondent aussi aux demandes individuelles et aux préoccupations plus générales ou structurelles, en envoyant des communications aux États, attirant l'attention de ces derniers sur les violations alléguées. C'est notamment le cas avec les procédés de plaintes, confiés au Groupe de travail des Communications et des situations. À la fin de 2011, on comptabilisait 33 mandats thématiques et 8 mandats par pays[33].

Ces Rapporteurs spéciaux, Experts indépendants et membres des Groupes de travail qui exercent leurs fonctions à titre personnel, s'engagent à conserver leur indépendance, efficacité, compétence et intégrité dans la probité, l'impartialité, l'honnêteté et la bonne foi. Ils ne font pas partie du personnel des Nations Unies. Le Haut-commissariat aux droits de l'homme apportant son appui en matière de thématique, enquête, politique, juridique et méthodologie de recherche et d'analyse, prépare la documentation et fournit un appui logistique et administratif.

Après leurs visites, les titulaires de mandats rédigent un rapport de mission contenant des conclusions et recommandations. Les rapports sont soumis au Conseil, et font l'objet de dialogues interactifs pendant les sessions et une suite est donnée à la procédure à l'issue de l'examen du rapport. Il arrive donc qu'un terme soit mis au mandat,

---

[32] Il arrive par exemple, que, lors d'une session, les thématiques ou situations abordées touchent des pays qui, afin de permettre au Conseil et aux ONG (souvent accusatrices de violations des droits de l'homme à leur encontre) de juger de la réalité des faits, invitent les titulaires de mandats à venir sur le terrain. Une manière pour eux de prouver la bonne foi de leurs gouvernements qui se défendent bien souvent de commettre ces violations.

[33] Voir rubrique procédures spéciales sur le site ohrc.org.

ou que le Conseil décide de sa poursuite conformément au règlement en la matière[34].

Le suivi efficace des recommandations des procédures spéciales dépend intrinsèquement de la coopération et de la volonté politique des États. Aussi, dans le but de renforcer la promotion et la protection des droits de l'homme, d'encourager la coopération et le suivi de leurs recommandations, les procédures spéciales entretiennent des relations constructives avec tout un éventail d'interlocuteurs que sont les gouvernements, les organismes régionaux et internationaux des droits de l'homme, les institutions nationales de défense des droits de l'homme, la société civile, les organisations non gouvernementales, les institutions académiques etc.

Le mécanisme des procédures spéciales est un élément central de la machine des Nations Unies sur les droits de l'homme et couvre l'ensemble des droits. Il assure une interaction régulière avec les défenseurs des droits et les victimes avérées ou potentielles de violations.

Le Burkina Faso a toujours manifesté sa disponibilité à accueillir les titulaires de mandats désireux de visiter le pays. À ce jour, le gouvernement burkinabé vient de donner son accord à la Rapporteur spéciale sur les droits culturels, pour une visite nationale en novembre 2013, et à la Rapporteur spéciale sur la promotion et la protection des droits de l'homme et des libertés fondamentales dans la lutte antiterroriste pour une visite en avril 2013. C'est donc dire qu'aucun rapport d'une procédure spéciale n'a concerné le Burkina Faso de manière exclusive depuis que le pays est membre du Conseil.

Il faut cependant mentionner qu'avant d'être membre du Conseil et dans le cadre de la coopération avec ces procédures spéciales, le pays avait reçu la visite, en avril

---

[34] La résolution 5/1 fixe les règles de conduite des titulaires de mandats au titre des procédures spéciales.

2007, du Rapporteur spécial sur les effets des politiques de réforme économique et de la dette extérieure sur la jouissance de tous les droits de l'homme, en particulier les droits économiques, sociaux et culturels et en février 2005 ainsi que de la Rapporteur spéciale sur les droits de l'Homme des migrants . En août 2004, une Commission internationale du Haut-Commissariat aux Réfugiés des Nations Unies, chargée d'enquêter sur les violations des droits de l'Homme en Côte d'Ivoire et d'apprécier l'ampleur des préjudices subis par les ressortissants burkinabés avait également effectué une visite dans le pays.

Le pays contribue aussi à l'élaboration des différents rapports thématiques lorsqu'il est sollicité par les mécanismes et procédures du Conseil, en répondant aux questionnaires et à toute demande d'information. Il arrive donc que des références soient faites sur le Burkina dans des rapports thématiques (C'est souvent le cas dans les rapports relatifs aux droits de l'enfant ou des femmes, notamment sur les questions d'égalité, de non-discrimination, de violence, de trafic d'enfant de mortalité maternelle et, infantile, de mutilations génitales féminines[35]. Egalement courant 2010, le Rapporteur spécial sur les formes contemporaines de racisme, de discrimination raciale, de xénophobie et l'intolérance qui y est associée avait fait référence au Burkina Faso dans l'un de ses rapports)[36].

Cependant, il faut dire, qu'à ce jour, le Conseil n'a bénéficié qu'une seule fois des services d'un titulaire de

---

[35] Le pays est cité soit comme faisant face à des contraintes diverses qui rendent difficile la garantie des droits de ces personnes, ou comme ayant entamé des actions pour assurer ces droits.

[36] Dans ce rapport, le Rapporteur spécial avait abordé la question de certaines causes de conflits qui puisent leurs sources dans la discrimination, la xénophobie et l'intolérance qui y est associée, avec l'exemple de la Côte d'Ivoire qui accueille des migrants burkinabé.

mandat de nationalité burkinabé[37], en l'occurrence l'Expert indépendant chargé d'examiner la situation des droits de l'homme en République Démocratique du Congo (RDC). Cela pose encore une fois la question de la valorisation de l'expertise nationale burkinabé, même s'il faut saluer la présence de plusieurs Experts (tes) burkinabé au sein des organes de traités depuis un certain temps[38].

B- Les procédés de plaintes ou de requêtes

Deux Groupes de travail composent la machine active de ce mécanisme, à savoir :

-le Groupe des communications, en charge de la réception et de l'étude des plaintes adressées par les organisations de défense des droits de l'homme le plus souvent et,

-le Groupe des situations en charge de la réception et de l'étude des communications transmises par le premier Groupe.

Les deux groupes ont donc pour mandat d'examiner les communications qui leur sont adressées et de porter à l'attention du Conseil des droits de l'homme tout un ensemble de violations flagrantes des droits de l'homme et des libertés publiques, attestées par des éléments dignes de foi. Ils agissent dans la mesure du possible par consensus, et à défaut leurs décisions sont prises à la majorité des membres.

Comme stipulé dans le point IV de l'annexe de la résolution 5/1 sur la mise en place des institutions du Conseil, la procédure de requête vise à permettre au Conseil de traiter tous ensemble de violations flagrantes et attestées par des éléments dignes de foi de tous les droits

---

[37] En l'occurrence en 2007, l'ancien Bâtonnier de l'ordre des avocats du Burkina, et grand homme de culture, Maître Titinga F. PACERE.

[38] Exemple du Comité contre la discrimination raciale, ou de celui des droits des personnes migrantes.

de l'homme et de toutes les libertés fondamentales, quelles que soient la région du monde et les circonstances dans lesquelles elles sont commises. C'est une procédure confidentielle qui a pour objectif de renforcer la coopération avec l'État intéressé contre lequel la requête est faite.

Désignés par les membres du Comité Consultatif, en son sein, pour un mandat de trois ans renouvelable une fois, les membres du Groupe de travail des communications décident de la recevabilité d'une communication, examinent sur le fond les allégations de violations y compris la question de savoir si la communication, considérée séparément ou conjointement avec d'autres communications, semble révéler un ensemble de violations flagrantes et attestées par des éléments dignes de foi. Il fournit par la suite au Groupe de travail des situations un dossier contenant toutes les communications recevables, ainsi que les recommandations dont elles auront fait l'objet. Les décisions du Groupe de travail des communications se fondent sur une application rigoureuse des critères de recevabilité et dûment justifiés.

En ce qui concerne le Groupe des Situations, il est composé d'experts ressortissants des groupes régionaux dont les États sont membres du Conseil. Le mandat de ses membres est d'un an renouvelable une fois, si l'État intéressé est toujours membre du Conseil (ce fut le cas pour le Burkina Faso). Les membres siègent à titre individuel, et en cas de vacance de poste, le groupe régional auquel le poste vacant appartient propose à nouveau un expert.

Le Groupe présente au Conseil des droits de l'homme, sur la base des informations et des recommandations émanant du Groupe de travail des communications, un rapport sur toutes les violations flagrantes des droits de l'homme et des libertés publiques, attestées par des éléments dignes de foi, et lui fait des recommandations sur les mesures à prendre, le plus souvent sous la forme d'un projet de résolution ou de décision. Toutefois, lorsqu'il estime qu'une situation requiert un examen plus approfondi ou un complément d'information, ses membres décident de garder l'affaire à l'examen jusqu'à la session suivante du Groupe. Il peut aussi décider de classer une affaire.

Toutes les décisions du Groupe de travail des situations sont étayées et indiquent la raison pour laquelle l'examen d'une situation a été arrêté ou la mesure recommandée à son propos. La décision de mettre fin à l'examen d'une situation étant prise par consensus ou à la majorité simple des voix.

Comme la procédure de requête doit être, entre autres, traitée dans une optique favorable à la victime et conduite de manière confidentielle et en temps voulu, les deux groupes de travail tiennent au moins deux sessions par an, de cinq jours ouvrables chacune, de façon à examiner promptement les communications, y compris les réponses à celles-ci, ainsi que les situations dont le Conseil est déjà saisi dans le cadre de la procédure de requête.

Il est dans l'intérêt de L'État concerné de coopérer avec la procédure de requête et de n'épargner aucun effort pour apporter des réponses quant au fond aux demandes des Groupes de travail ou du Conseil des droits de l'homme (dans une des langues officielles de l'ONU) et ce, dans les trois mois qui suivront la formulation de la demande.

Il revient au secrétariat du HCDH de communiquer les dossiers confidentiels à tous ses membres, au moins deux semaines avant la tenue de la session au cours de laquelle ils seront abordés afin que les États aient le temps de les examiner.

Le Conseil des droits de l'homme examinera alors l'ensemble des violations portées à son attention par le Groupe de travail des situations aussi souvent que cela sera nécessaire, mais au moins une fois par an. Les rapports renvoyés par le Groupe au Conseil sont examinés de manière confidentielle, à moins que le Conseil n'en décide autrement. Pour que la procédure de requête soit traitée dans une optique favorable à la victime, de manière efficace et conduite en temps utile, le délai qui s'écoulera entre la transmission de la requête à l'État intéressé et son examen par le Conseil des droits de l'homme ne doit pas dépasser, en principe, vingt-quatre mois.

Par ailleurs, dans le cadre de cette procédure, le Conseil veille à ce que l'auteur de la communication et l'État intéressé soient informés de l'état de la procédure aux stades-clefs suivants :

-lorsque la communication est déclarée irrecevable par le Groupe de travail des communications,

-lorsque le Groupe de travail des situations en est saisi ou,

-lorsque la communication est laissée en suspens par un des groupes de travail ou par le Conseil,

-à l'adoption des conclusions.

Le requérant sera en outre informé de l'enregistrement de sa communication par le secrétariat de la procédure de requête. Et s'il demande que son identité soit tenue confidentielle, celle-ci ne sera pas divulguée à l'État intéressé.

Conformément à la pratique établie, la décision prise par le Conseil au sujet d'une situation particulière sera l'une des suivantes :

-mettre fin à l'examen de la situation lorsque sa poursuite ou l'adoption d'une autre mesure n'est pas justifiée,

-garder la situation à l'examen et demander à l'État intéressé de faire parvenir un complément d'information dans un délai raisonnable,

-garder la situation à l'examen et charger un expert indépendant et hautement qualifié de la suivre et de faire rapport au Conseil (les États s'opposent le plus souvent à pareille situation afin de ne pas se retrouver soumis à une double procédure, privée et publique à la fois),

-mettre fin à l'examen de la question dans le cadre de la procédure confidentielle de requête en vue de l'examiner en public,

-recommander au Haut-commissariat de fournir une coopération technique, une assistance au renforcement des capacités ou des services consultatifs à l'État intéressé (une recommandation qui fait aussi souvent l'objet de contestation de la part des États concernés qui ne veulent pas se voir imposer des directives.).

Depuis la création du Conseil, la quasi- totalité des États à l'encontre desquels des plaintes ont été déposées a coopéré avec les Groupes de travail et le Conseil dans le cadre de cette procédure, même si, parfois, les réticences ont été fortes au départ.

C- Le Comité Consultatif

Conformément à la résolution 5/1 du Conseil des droits de l'homme, le Comité Consultatif des droits de l'homme (dénommé le Comité consultatif), a été créé pour fonctionner comme un groupe de réflexion pour le Conseil, en travaillant sous sa direction. Composé de 18 experts, il remplace l'ancienne Sous-commission de la promotion et de la protection des droits de l'homme[39].

---

[39] La Sous-commission de la promotion et de la protection des droits de l'homme de l'Organisation des Nations Unies a été créée en 1947. Appelée à l'origine « Sous-commission de la lutte contre les mesures discriminatoires et de la protection des minorités », sa tâche

La procédure de nomination de ses membres prend en compte la nécessité de mettre à disposition du Conseil la meilleure expertise possible. Sa fonction étant de fournir des services d'experts au Conseil selon les modalités définies par celui-ci, en se concentrant essentiellement sur des études et des avis étayés par des recherches. Ce service d'expertise n'est fourni que sur demande du Conseil et selon ses orientations.

Le travail du Comité consultatif est orienté vers la mise en œuvre des droits de l'homme. La portée de ses avis se limite aux questions thématiques entrant dans le mandat du Conseil. L'organe n'adopte ni résolutions ni décisions. Il propose, dans le cadre des travaux qui lui sont soumis par le Conseil, pour examen et approbation par celui-ci, des pistes d'amélioration de l'efficacité des procédures.

Dans l'exercice de son mandat, le Comité consultatif établit des relations d'interaction avec les États membres et observateurs du Conseil, les institutions spécialisées des Nations Unies, les autres organisations intergouvernementales, les institutions nationales des droits de l'homme, les ONG et d'autres entités de la société civile. Ils peuvent tous prendre part à ses sessions, mais n'interfèrent pas dans les propositions qu'il arrête avant soumission au Conseil.

---

essentielle était de mener des études sur des questions touchant les droits de l'homme, d'adresser des recommandations sur la prévention de toutes les formes de discrimination en matière de droits de l'homme et de libertés fondamentales et la protection des minorités raciales, nationales, religieuses et linguistiques, ainsi que de s'acquitter de toute autre tâche qui lui était confiée. Comme le Comité consultatif, elle était le laboratoire d'idées de la Commission.

D- L'Examen Périodique Universel : EPU[40]

Il est l'innovation majeure du Conseil des Droits de l'Homme, et pour le Secrétaire Général des Nations Unies, Monsieur Ban Ki-Moon : «L'Examen Périodique Universel est plein de promesses en ce qu'il ouvre un nouveau chapitre dans la promotion des droits de l'homme et en souligne l'universalité ».

C'est un mécanisme jusque-là unique dans le genre, qui répond, dans son déroulement, au paragraphe 15A) de l'annexe de la résolution 5/1 du Conseil, instituant ce processus d'examen sur la situation des droits de l'homme au sein des Pays membres de l`ONU.

Il consiste à passer en revue, tous les quatre ans, les réalisations de l'ensemble des 193 États membres de l'ONU dans le domaine des droits de l'homme[41].

Il s'agit d'un processus mené par les États, sous les auspices du Conseil des droits de l'homme, qui fait obligation à chaque pays de présenter un rapport concernant l'état de la situation des droits humains sur son territoire, ainsi que les initiatives visant à améliorer celle-ci.

Mécanisme central du Conseil des droits de l'homme, l'EPU est conçu pour assurer une égalité de traitement à chaque pays. C'est l'un des piliers sur lequel s'appuie le Conseil pour rappeler aux États leur responsabilité de respecter pleinement et de mettre en œuvre tous les droits de l'homme ainsi que les libertés fondamentales, avec, comme ultime objectif, le traitement des violations des droits de l'homme où qu'elles se produisent et l'amélioration de la situation de ces droits dans tous les

---

[40] Ce point est fortement inspiré d'une analyse de Jean Ziegler, membre éminent du Comité Consultatif du Conseil des droits de l'homme.

[41] Le Sud Soudan nouvellement indépendant n'a pas été soumis à l'EPU.

pays. Cet examen est l'un des programmes majeurs du Conseil des droits de l'homme qui porte sur la conformité des politiques nationales en matière de droits humains.

À la fin de ce mécanisme, la communauté internationale devrait disposer d'un tableau sans précédent de caractère universel, sur l'aventure exceptionnelle du développement de la doctrine et de la politique des droits humains depuis le milieu du XXe siècle, de même que d'un bilan de l'état des lieux tel qu'établi par les États, le système onusien et la famille des ONG nationales, régionales et internationales.

1-Les fondements de l'EPU

L'EPU a été établi par la résolution 60/251 de l'Assemblée Générale des Nations Unies adoptée en 2006, à l'origine de la création du Conseil des droits de l'homme. Il est basé sur le principe de la coopération entre le Conseil et les États et a permis jusqu'en mai 2012, pour le premier cycle[42], d'examiner la situation des droits de l'homme de la quasi-totalité des États membres de l'ONU.

2-Les objectifs de l'examen

Il faut dire que l'objectif ultime de l'EPU est d'aider à améliorer la situation des droits de l'homme dans tous les pays et de traiter des violations des droits de l'homme où qu'elles se produisent. Conçu pour susciter, soutenir, développer la promotion et assurer la protection des droits de l'homme sur le terrain, un Groupe de travail a été mandaté par le Conseil dans ce sens ; c'est le Groupe de travail de l'EPU, qui s'attelle à évaluer les États sur leurs progrès en matière de promotion et de garantie des droits humains. Il vise également à permettre la fourniture d'une

---

[42] Le second cycle entamé en mai 2012 a pour objectif de permettre aux États de faire leur rapport sur la mise en œuvre des recommandations qu'ils avaient reçues lors du premier examen. Il s'agira ici du suivi de ces recommandations.

assistance technique aux États, à améliorer leur capacité à traiter efficacement les problèmes de droits de l'homme et à encourager le partage des meilleures pratiques dans ce même domaine entre les États et d'autres parties prenantes.

3-Le processus de l'EPU

Le système repose sur plusieurs étapes et références, à savoir :

-un rapport du pays concerné, qui est invité à procéder à des consultations de grande envergure au niveau national, avec toutes les parties prenantes, afin de rassembler le maximum de renseignements,

-un rapport du Haut-Commissariat aux droits de l'homme sur le pays concerné, contenant des informations provenant des organes de traités et des procédures spéciales,

- un rapport du Haut-Commissariat aux droits de l'homme résumant les contributions des ONG. Ces dernières peuvent rédiger des rapports traitant de la situation des droits de l'homme qui sont rendus publics, notamment sur le site du Conseil des droits de l'homme.

C'est dire en fait que le rapport national soumis par l'État examiné est en quelque sorte complété, voire confronté à deux synthèses établies par le Haut-Commissariat aux droits de l'homme. La première résumant le savoir onusien sur la situation du pays, la seconde résumant les avis des ONG nationales et internationales.

Durant la session consacrée à l'examen, un débat de trois heures 30 minutes[43] est prévu pour chaque État

---

[43] À ce niveau, il faut noter que c'est le processus de réexamen des activités et du fonctionnement du Conseil des droits de l'homme (entamé en 2010) qui a permis de modifier la durée de l'examen, initialement fixée à trois heures à désormais trois heures 30 minutes.

(présentation du rapport et dialogue interactif), avec, à la clé un ensemble de recommandations qui sont adressées à l'État examiné.

4-Le Calendrier de l'examen des pays

Le processus prévoit que l'ensemble des États membres de l'ONU soient examinés tous les quatre ans et demi[44], sur la base de 48 États par année[45], y compris bien entendu les 47 membres du Conseil. Les examens ont lieu pendant les sessions du Groupe de travail de l'EPU qui se réunit en trois sessions par an.

Le Burkina Faso a été examiné en décembre 2008 lors de la troisième session du Groupe de travail.

5-Le Groupe de travail de l'EPU

Il se compose des 47 membres du Conseil qui peuvent dialoguer au même titre que les États non membres, avec l'État examiné, après s'être préalablement inscrits sur une liste d'orateurs. Il s'agit là d'un dialogue interactif sous forme de déclarations ou et de commentaires basés sur le rapport fourni par l'État (dont le résumé est exposé dans les faits par le chef de délégation de l'État examiné). Les ONG aussi peuvent assister aux sessions du Groupe de travail de l'EPU mais sans un droit de parole, dont elles disposent toutefois lors des sessions plénières du Conseil des droits de l'homme pendant lesquelles les rapports examinés devant le Groupe de travail de l'EPU sont adoptés.

Chaque État examiné est assisté par un groupe de trois États dénommé "troïka", qui servent comme États rapporteurs. La sélection des troïkas pour chaque examen

---

[44] Prolongation suite au réexamen des acticités et du fonctionnement du Conseil. Initialement cela était prévu tous les quatre ans.

[45] Sauf cas exceptionnel. Exemple avec Haïti. En effet, suite à la catastrophe naturelle subie en 2010, le Conseil avait alors décidé du report du passage du pays devant le Groupe de travail de l'EPU.

d'État se fait par un tirage au sort avant chaque session du Groupe de travail.

Suite à l'examen de l'État par le Groupe de travail, un rapport est donc établi par la troïka, assistée du secrétariat du Haut-commissariat, en accord avec l'État examiné. Ce rapport résultat donne un résumé des discussions proprement dites. Il contient les questions, observations et recommandations formulées par les États à l'égard du pays sous revue ainsi que les réponses de ce dernier (c'est le résumé du dialogue interactif).

Cette étape passée, et au plus tôt 48 heures après l'examen, l'État examiné a la possibilité de faire des observations préliminaires sur les recommandations qui lui ont été faites, qu'elles aient été acceptées ou rejetées. Celles-ci seront incluses dans le rapport, quelles que soient les décisions du pays examiné. Après adoption, des modifications de forme peuvent être apportées au rapport par l'ensemble des États sur la base de leurs propres déclarations dans les deux semaines qui suivent l'examen.

Le rapport sera ensuite adopté lors d'une session plénière du Conseil des droits de l'homme au cours de laquelle l'État examiné peut répondre à des questions qui n'ont pas été suffisamment traitées devant le Groupe de travail, ou s'exprimer sur certaines recommandations faites par les États lors de l'examen. Un temps est également accordé aux États membres et observateurs qui souhaitent donner leur avis sur l'issue de l'examen, ainsi qu'aux ONG qui ont le droit de s'exprimer à cette étape.

Loin d'être un mécanisme parfait, on peut tout de même dire qu'avec l'EPU, l'ingérence mutuelle systématisée dans les affaires internes des États est sans précédent et les différents appréciations et jugements émis les uns à l'égard des autres portent sur le vaste domaine des discriminations et identifient aussi certains dénis radicaux tels les violences faites aux femmes, les systèmes judiciaires de complaisance, la corruption, les exécutions extrajudiciaires, les disparitions forcées, la torture, les crimes sexuels, le trafic des personnes, la censure des médias, la persécution des défenseurs des droits de l'homme, les atteintes aux droits des personnes autochtones etc.

À ce jour, tous les États appelés ont répondu présents et se sont soumis à l'examen qui n'a subi aucun blocage depuis ses débuts. Certes, aucun État n'échappe tout à fait à la tentation d'instrumentaliser le mécanisme. Certains l'ont fait sans retenue, d'autres avec nuances. À cet égard, l'analyse des documents nationaux est instructive. Quelques-uns se sont faits apologistes de leur propre politique, d'autres ont privilégié une description bureaucratique favorable de leur situation.

Enfin, certains ont proposé une radiographie objective de leur situation et n'ont pas craint de faire apparaître les limites de leur politique, les difficultés de leurs institutions, le poids des mentalités et leur volonté de surmonter ces obstacles. Ce fut par exemple le cas du Burkina Faso.

Appelés à s'approprier les recommandations qui leur sont adressées, certains États ont rejeté toutes celles qui portent vraiment à conséquence pour ne retenir que celles qui ne menacent pas leur système clos ou narcissiquement jugé parfait[46]. D'autres se sont montrés plus ouverts et réceptifs en acceptant de nombreuses recommandations tout en identifiant les voies et moyens de leur mise en œuvre.

Des critiques qualifient déjà le mécanisme de l'EPU comme un système intergouvernemental imparfait où trop de marge est laissée aux États qui demeurent libres d'accepter ou de rejeter les recommandations qui leur sont

---

[46] Des références peuvent être trouvées dans la rubrique EPU sur le site du HCDH.

adressées et dont la mise en œuvre est elle aussi l'affaire exclusive des États.

À tout ceci s'ajoute le fait, qu'après le passage des États devant le Groupe de travail de l'EPU, aucun mécanisme ne permet immédiatement au Conseil des droits de l'homme d'avoir une visibilité sur le suivi des recommandations qui ont été faites, d'où des propositions de rapports intermédiaires visant à tenir le Conseil informé de l'évolution de la mise en œuvre des recommandations. Des pays l'ont déjà volontairement fait.

Malgré tous ces griefs, il faut reconnaître que le mécanisme de l'EPU est fonctionnel, perfectible et utile. On peut lui reconnaître un certain nombre de qualités :

-la première est de maintenir dans l'agenda international la question des droits de la personne et de réaffirmer l'existence de la valeur de normes communes pour l'ensemble de l'humanité,

-la deuxième est d'ouvrir et forcer le débat sur le plein respect de ces normes,

-le troisième élément positif est qu'il permet de dire pour chaque État, ce qui doit être abandonné ou initié, pour que soit mise en œuvre une politique respectueuse de la dignité de tous et de toutes,

-enfin, bien qu'imparfait, le système est universel. Il s'applique à tous les États sans distinction, les oblige à s'expliquer et les appelle à mettre à niveau leur politique de protection des droits humains.

6-Le passage du Burkina Faso devant le Groupe de Travail de L'EPU : l'examen du Rapport National

Le 9 décembre 2008, le Burkina Faso a présenté, à la troisième session du Groupe de Travail de l'Examen Périodique Universel, son rapport national sur l'état de la situation des droits humains dans le pays.

La délégation burkinabé était conduite, pour cette importante occasion, par Madame Salamata

SAWADOGO, alors Ministre de la Promotion des Droits Humains du Burkina et composée par ailleurs de L'Ambassadeur Représentant Permanent du Burkina Faso à Genève et ses conseillers, de conseillers et directeurs

du ministère de la promotion des droits humains, de représentants du ministère de la justice, du ministère de la promotion de la femme, du ministère de l'action sociale et de la solidarité nationale, du ministère de l'éducation de base, du ministère de la santé et du Président de la Commission Nationale des Droits de l'Homme (CNDH).

Trois étapes majeures avaient jalonné cet exercice qui a permis à la communauté internationale d'avoir une vision globale et précise sur la situation des droits humains au Burkina Faso à travers ses institutions et ses normes.

Aussi, après une séance plénière consacrée à l'exposé oral du rapport[47] présenté par la Ministre de la promotion des droits humains, un dialogue interactif a été engagé avec le Conseil. La troïka pour le Burkina Faso, qui avait en charge de finaliser le rapport avant son adoption, était composée du Qatar, de Madagascar et de la Suisse.

La Ministre avait fait la synthèse du rapport aux délégations présentes dans les points essentiels suivants :

-« Après avoir félicité le Président et les membres du Conseil des Droits de l'homme ainsi que Madame Navanethem Pillay pour sa nomination au poste de Haut-commissaire des Nations Unies aux Droits de l'Homme, elle avait souligné le fait que le rapport national du Burkina Faso était le résultat d'une large consultation impliquant toutes les composantes de la nation dont la société civile et fait mention du fait qu'au niveau du cadre normatif, la Constitution du Burkina Faso proclame les droits et devoirs fondamentaux de la personne humaine, la non-discrimination et l'égalité des sexes, consacre le

[47] Précédemment envoyé à l'ensemble des États.

principe de la supériorité des traités et accords internationaux sur les lois nationales.

-Dans le cadre d'une meilleure promotion et protection des droits de l'homme, d'autres institutions publiques ont été créées, pour lesquelles l'attention du Groupe de travail a été particulièrement attirée sur le fait qu'un projet de loi était en cours d'examen au niveau national afin de rendre la Commission nationale des droits humains conforme aux principes de Paris[48] ; qu'il existe une Commission de l'informatique et des libertés chargée de veiller à l'application de la loi portant protection des données à caractère personnel ; l'Autorité supérieure de contrôle d'État est ouverte à la saisine directe des citoyens et mène des investigations sur les pratiques de délinquance économique et de corruption au sein de l'administration concernant les personnes physiques et personnes morales de droit privé. Elle peut publier ses rapports et saisir directement la justice de toute violation des textes cités.

- Le Burkina a fait de la lutte contre la corruption, une de ses priorités et l'a inscrite dans son cadre stratégique de lutte contre la pauvreté.

- Chaque année, une journée nationale est organisée respectivement pour les femmes, les paysans et les jeunes, aux cours de laquelle sont initiés des dialogues directs avec le Chef de l'Etat sur leurs préoccupations et la mise en œuvre des différentes politiques sectorielles les concernant.

- À travers le plan d'action national pour la réforme de la justice pour la période 2002-2006 et son

[48] Ce qui est effectif à ce jour. Les Principes de Paris sont relatifs au statut et au fonctionnement des Commissions nationales de promotion et de protection de droits de l'homme. Ils ont été définis lors d'un atelier international y relatif à Paris en 1991, et adoptés ensuite par la Commission des droits de l'homme et l'Assemblée Générale des Nations Unies.

cadre de consolidation, de nombreuses mesures ont été prises pour améliorer les conditions de vie et de travail des magistrats et des personnels judiciaires.

-Par ailleurs, des mesures ont été prises pour améliorer les conditions de détention : construction de nouvelles maisons d'arrêt et de correction, assistance psychologique, alphabétisation, aménagement des peines et travail pénitencier pour favoriser la réinsertion sociale des détenus, extension de la Maison d'arrêt et de correction de Ouagadougou pour lutter contre la surpopulation carcérale. Les femmes et les mineurs sont détenus dans des locaux séparés et leurs droits en matière d'alimentation, de soins de santé et d'hygiène font l'objet d'une attention particulière. Les mineurs bénéficient en plus de formations professionnelles, et leur suivi par un service social dans les maisons d'arrêt permet de maintenir les liens familiaux.

-En matière de lutte contre les violences faites aux détenus, des dépliants sur leurs droits et devoirs, traduits en langues nationales, sont mis à leur disposition. La ministre a également insisté sur le renforcement qualitatif des ressources humaines par le recrutement de régisseurs, l'engagement de procédures disciplinaires ou pénales contre les auteurs de violences faites aux détenus.

-Concernant la peine de mort, Madame SAWADOGO a mentionné que son abolition est envisageable. Le Burkina Faso étant un pays abolitionniste de fait.

-Sur le Protocole facultatif se rapportant à la Convention contre la torture et autres peines ou traitements cruels, inhumains ou dégradants, des mesures seront prises pour sa ratification[49].

---

[49] Effective à ce jour.

-Concernant la coopération avec les procédures spéciales des Nations Unies, le Burkina Faso continuera comme par le passé à coopérer avec ces mécanismes.

-La Ministre a admis que le Burkina Faso n'avait pas entièrement rempli ses engagements de soumission des rapports aux organes de traités, et qu'il transmettra une demande formelle d'assistance technique au Haut-commissariat aux droits de l'homme dans le but de former ses cadres nationaux à la rédaction desdits rapports.

-En vertu du principe de non-discrimination, la problématique du genre et de l'égalité des sexes est prise en compte dans toutes les politiques et stratégies nationales. Des efforts significatifs ont été fournis par le gouvernement burkinabé, tant au plan économique que politique, en matière de promotion et de protection des droits des femmes.

-En matière d'éducation des filles, les déséquilibres persistent malgré les mesures incitatives prises par l'Etat. Toutefois les efforts se poursuivent pour les résorber.

-Concernant le droit à la santé, la loi hospitalière garantit l'égal accès de tous aux soins. La santé de la mère et de l'enfant reste une préoccupation majeure du pays dans ses programmes de développement. Des actions sont ainsi menées pour faire face à la mortalité maternelle et infantile.

- Sur la situation économique et sociale de la femme, tous les projets et programmes mis en œuvre en vertu du cadre stratégique de lutte contre la pauvreté prennent en compte les femmes. Il y a en outre la mise en œuvre du plan d'action de la stratégie nationale de micro-finance qui favorise l'accès des femmes aux services de micro-finance, la construction et la réhabilitation des maisons de la femme et des centres de promotion féminine en milieu rural, la création de la commission nationale de suivi de la mise en œuvre des engagements du Burkina Faso en faveur de la femme.

-Des stratégies ont été aussi développées pour lutter contre les violences faites aux femmes, allant de la sensibilisation et la répression, à la prise en charge des victimes.

-Concernant la pratique de l'excision, des actions sont menées sur le terrain en collaboration avec les partenaires techniques et financiers, les ONG et les associations. Un comité national de lutte contre la pratique de l'excision est actif sur le terrain. Et conformément à la loi, les exciseuses et leurs complices sont poursuivis, jugés et condamnés. Un plan d'action « Tolérance zéro à la MGF d'ici 2012» est en cours d'exécution. Les victimes de séquelles sont prises en charge médicalement.

-Le Burkina Faso dispose d'une loi sur la lutte contre la traite des personnes et pratiques assimilées. En matière de trafic transfrontalier, des enfants notamment, il a signé, au plan bilatéral, un accord avec le Mali et, au plan multilatéral, un accord sous-régional de coopération pour lutter contre la traite des enfants. Avec des pays de l'Afrique de l'Ouest et du Centre, il a également signé un accord de coopération pour lutter contre la traite des personnes, en particulier les femmes et les enfants.

-Face au phénomène de l'exploitation sexuelle et de la violence sexuelle, le Burkina a ratifié, en 2005, le protocole facultatif se rapportant à la convention relative aux droits de l'enfant concernant la vente d'enfants, la prostitution des enfants, la pornographie mettant en scène des enfants.

-En 1999, le Gouvernement, en partenariat avec l'Organisation Internationale du Travail (OIT), s'est engagé dans un programme national pour l'abolition du travail des enfants. Il procède à des campagnes d'information et de sensibilisation des populations, mène une politique de promotion socioéconomique en faveur des familles à risque. Des sanctions judiciaires et ou disciplinaires sont prises à l'encontre des auteurs de la traite, du trafic ou de la violence faite aux enfants. Le Gouvernement s'est doté aussi d'un plan sectoriel d'action relatif au travail de la petite fille en milieu urbain.

-Répondant aux engagements pris devant le Conseil des droits de l'homme lors de sa candidature comme membre du Conseil, le Burkina a adopté les lois portant autorisation de ratification de la convention des Nations Unies relative aux droits des personnes handicapées et son protocole, ainsi que la convention relative à la protection de toutes les personnes contre les disparitions forcées.

-L'accès à la justice est un droit qui se renforce depuis quelques années au Burkina Faso, avec l'augmentation du nombre de tribunaux et de magistrats. Un décret portant organisation de l'assistance judiciaire vise à faciliter l'accès des personnes indigentes à la justice. C'est donc dire que l'État a perçu la nécessité de promouvoir le droit d'accès à la justice des personnes indigentes et s'attelle à le rendre effectif.

-Les personnes placées en détention par le procureur dans le cadre d'une procédure de flagrant délit comparaissent devant le juge dans un délai moyen de 2 à 3 jours. Lorsque le juge d'instruction ordonne la détention provisoire, la loi lui fait obligation de renouveler cette détention dans un délai de 6 mois. S'agissant du délai d'obtention du verdict, il est très variable car il est largement tributaire d'éléments tels que la complexité de l'affaire, la présence des parties, des témoins, les résultats des expertises.

-Malgré les efforts fournis par le gouvernement, des difficultés persistent dans la promotion et la protection des droits de l'homme. À cet égard, le Burkina Faso sollicite formellement un appui du Conseil des droits de l'homme et de ses mécanismes ainsi que de la communauté internationale dans les domaines énumérés dans les paragraphes 19 à 21 de son rapport national. »[50]

À la suite de cette intervention, plusieurs délégations ont félicité le Burkina pour son rapport, posé des questions auxquelles la délégation burkinabé a répondu (au même titre que celles formulées et préalablement transmises au pays, conformément aux procédures préparatoires pour l'EPU, qui ont du reste été prises en compte dans la présentation de la Ministre) et fait des recommandations, au nombre de quarante-six au total, dont dix-huit ont été refusées et une mise en attente[51].

Il est important de noter (sans aucune intention de justifier les positions de la délégation burkinabé sur ses recommandations) que le pays a fait partie des premiers Etats examinés par le Groupe de Travail de l'EPU, à une période où le processus n'était pas bien rodé, où les délégations n'avaient pas une maîtrise parfaite du mécanisme et les troïka étaient hésitantes sur leur rôle d'appui aux pays examinés dans la finalisation des rapports (on a en effet parfois eu l'impression que certaines troïkas tentaient de mettre un peu trop la pression sur les pays examinés afin qu'ils acceptent le maximum de recommandations).

C'est dans ce temps de quasi apprentissage que la prise en compte de certaines recommandations formulées par les États a suscité quelques réticences de la part de ceux qui étaient examinés (dont le Burkina). La maîtrise parfaite du mécanisme permet aujourd'hui d'éviter ce

---

[50]L'intégralité de la présentation du rapport du Burkina Faso est disponible sur le site ohrc.org, rubrique EPU.

[51] Sur la base d'explications fournies dans le tableau récapitulatif en annexe.

genre de situation et les pays qui rejettent les recommandations le font en toute connaissance de cause.

III
BILAN À MI-PARCOURS DE LA PRÉSENCE DU BURKINA FASO COMME MEMBRE DU CONSEIL DES DROITS DE L'HOMME, À L'ENTAME DU DEUXIÈME MANDAT

Le Burkina Faso a entamé en mai 2011 son second mandat de membre du Conseil des Droits de l'Homme pour la période 2011-2014.

Le renouvellement de ce mandat est la preuve de la reconnaissance de la place importante qu'occupe le pays dans le grand concert des nations. Certes, des avancées énormes ont été faites en matière de promotion et de protection des droits humains au Burkina Faso, avec le soutien de l'ensemble de ses partenaires, aussi bien dans le cadre de la coopération bilatérale que multilatérale, mais les initiatives et actions du pays devraient se faire bien plus visibles au sein du Conseil, avec un rendu constant au plan national, afin de rendre effectives les décisions adoptées par cet organe.

Une effectivité qui devrait se traduire dans la considération des résolutions adoptées par le Conseil au niveau national. Ce qui constituerait un acquis non négligeable dans la mise en œuvre de ces textes. Car, il ne faut pas l'ignorer, la traduction de la réalité normative de l'ensemble des textes adoptés par le Conseil des droits de l'homme se mesure dans la capacité des Etats à permettre la jouissance réelle des droits et libertés individuels et collectifs par leurs peuples. La contribution burkinabé à la dynamique des droits de l'homme devrait donc pouvoir se faire à travers des initiatives qui concernent le Burkina Faso en premier lieu.

A- Quelques initiatives thématiques envisageables

Le champ des initiatives à soumettre au Conseil par le Burkina Faso dans le cadre de ses travaux reste encore bien large. En effet, bien que la plupart des sujets relatifs aux droits de l'homme susceptibles d'attirer l'attention des instances internationales aient fait l'objet de décisions tant aux niveaux du Conseil de Sécurité[52], de l'Assemblée Générale des Nations Unies et de ses organes subsidiaires tel le Conseil, les conjonctures internationales, régionales et nationales, conjuguées avec les intérêts géopolitiques des Etats suscitent chaque jour de nouvelles violations des droits de l'homme sur lesquelles le Burkina Faso pourrait attirer l'attention du Conseil, afin que des débats soient menés lors de sessions ordinaires ou extraordinaires.

En ce qui concerne la conjoncture nationale burkinabé, elle suscite chaque jour des problématiques de garantie des droits humains qui intègrent les préoccupations internationales sur lesquelles se penche le Conseil et que le pays pourrait soumettre dans le cadre des discussions. Problématiques qui ne doivent pas uniquement être vues sous l'angle de violations des droits par qui que ce soit, mais simplement en prenant en considération la situation économique du pays avec les diverses contraintes auxquelles fait face le Gouvernement dans le cadre de la garantie de certains droits élémentaires, tel le droit à l'éducation, à la santé, à un environnement

---

[52] Notamment en ce qui concerne les violations graves mettant en péril la stabilité et la paix internationales, conformément à la Charte des Nations Unies.

sain, à la protection sociale, à une alimentation saine et conséquente pour tous etc.

Des initiatives, visant la soumission de résolutions au Conseil des Droits de l'Homme, ou l'organisation d'activités parallèles de sensibilisation en marge des sessions, peuvent donc être introduites par le pays et sans être exhaustif on peut mentionner :

-La question des Mutilations Génitales Féminines (MGF) qui a déjà une considération internationale incontestable et pour laquelle le pays est toujours cité comme faisant partie des États pionniers qui se sont attaqués au fléau par le biais d'une loi répressive. L'accent pourrait alors ici être mis sur la pratique transnationale des MGF, qui sape les efforts consentis au plan national, avec la migration de leurs adeptes vers des espaces dont les législations restent silencieuses sur le problème et où la conscience collective accepte tacitement ces actes.

D'autant plus que cette problématique, loin de se limiter à un intérêt africain, touche aussi les États occidentaux (exemple de la France ou de la Suisse qui ont adopté des stratégies et politiques de lutte contre la pratique des MGF sur leur territoire) et le monde arabe (pour lequel l'Égypte est souvent citée comme pays fortement engagé dans la lutte). C'est dire que l'intérêt d'un tel sujet ne saurait être contesté par le Conseil qui pourrait adopter une résolution relative à la pratique transnationale des MGF[53]. Plus encore, cette problématique intègre l'épineuse question des violences faites aux femmes dont le conseil se saisit pratiquement à chacune de ses sessions.

---

[53] Il est vrai que des initiatives ont été menées au niveau de l'Assemblée Générale à New York, mais cela n'est nullement un frein à une initiative du même genre au Conseil, dont les décisions ont également une force juridique indépendante et complémentaire, on peut le dire, des actions entreprises à New York.

-La problématique de l'exclusion des personnes âgées. Question ayant fait l'objet d'une expertise approfondie par le Comité consultatif et prise en compte par le Conseil, sur laquelle le Burkina Faso a déjà fait des avancées considérables avec les actions conjuguées de plusieurs institutions ministérielles. En témoigne l'organisation de la journée internationale y relative par le Gouvernement. Aborder cette question au Conseil sera une occasion de faire valoir les acquis du pays face à une question de plus en plus au cœur des préoccupations de l'ensemble des États.

-Les droits des personnes handicapées : Théoriquement consacrés dans la plupart des législations, mais difficilement garantis du fait de plusieurs contraintes notamment financières pour des pays comme le Burkina Faso, où la prise en compte réelle des personnes handicapées dans la vie quotidienne institutionnelle et économique ou leur prise en charge dans des centres adaptés nécessitent des moyens conséquents[54]. Initier une telle réflexion au sein du Conseil permettra de rendre compte d'une réalité universelle et d'ouvrir la porte au solutionnement de cette problématique, notamment pour des pays en développement.

-D'autres thématiques, telles : la lutte contre le trafic des enfants ; la jeunesse comme partenaire incontournable dans la promotion et la protection des droits de l'homme ; la prise en compte des mécanismes endogènes de gestion des conflits et des crises internes dans le cadre de la promotion d'espaces de paix garants des droits de l'homme ; la question des violences faites aux femmes, centrée sur les violences domestiques etc. peuvent constituer autant d'initiatives du Burkina Faso au Conseil

---

[54] Exemple de l'accès aux écoles, aux locaux de l'administration publique ou privée, à certains espaces de loisirs. Insuffisances des structures d'accueil pour les handicapés psychiques etc.

des droits de l'homme, en association avec d'autres partenaires[55].

B- Assurer une meilleure affirmation des positions

Comme État membre du Conseil des droits de l'homme, le Burkina Faso affirme ses positions par le canal des négociations et discussions précédant l'adoption des décisions et résolutions, au sein des différents Groupes auxquels il appartient, et particulièrement au moment du vote des projets des textes lors des sessions ordinaires et extraordinaires. À ces occasions et conformément au règlement intérieur de l'Assemblée Générale, le pays exprime des votes en faveur, s'abstient ou vote contre les textes mis aux voix.

C'est dire que l'affirmation de ses positions, quelles qu'elles soient, est importante pour le pays qui s'exprime par le canal de sa Représentation Permanente à Genève investie des pleins pouvoirs en la matière et qui reçoit les instructions adéquates en temps opportun.

L'expression de ces positions se fonde généralement sur la réalité du droit positif burkinabé[56], les positions précédentes du pays dans d'autres instances[57] ou au sein même du Conseil, la nature des relations diplomatiques qu'il entretient avec ses partenaires bilatéraux ou multilatéraux et l'implication dans une situation donnée[58], etc.

La plupart du temps, les positions varient peu pour les résolutions thématiques, que le pays en soit coauteur

---

[55] Certaines thématiques font aussi l'objet de « chasses gardées » de groupes régionaux ou de délégations, restreignant ainsi, parfois, la capacité d'initiative des autres.

[56] Par exemple face à une obligation internationale contractée.

[57] Assemblée Générale, Union Africaine, etc.

[58] Le cas avec la Côte d'Ivoire, ou le Mali plus récemment.

ou pas. Ce qui est différent pour les résolutions portant sur des pays, où il est adopté le plus souvent des « positions de prudence » pour ne pas dire d'équilibre. C'est notamment le cas lorsqu'il ne se porte pas coparrain à titre individuel pour la tenue des sessions spéciales et des résolutions initiées dans ce cadre. Une position qui peut donc être assimilée à une volonté d'assurer un équilibre et de privilégier le dialogue entre les différentes parties en crise au sein d'un État.

Cette attitude peut se comprendre aisément, tant les initiatives mettant en cause la situation des droits humains dans un pays font rarement le consensus.

Toutefois, les positions du Burkina peuvent aussi être tributaires de celles des Groupes auxquels il appartient, notamment du Groupe africain, qui peut initier ou se porter coparrain pour la tenue d'une session spéciale ou être auteur d'un projet de résolution pour une session. Dans le dernier cas, cela pose moins de problèmes, mais dans le premier cas, même si le pays n'est pas forcément en faveur de la tenue de la session, il ne lui est quasiment jamais arrivé d'exprimer ses réticences de manière ouverte lors du parrainage par le Groupe au nom de l'ensemble de ses États membres.

Certaines de ces attitudes laissent donc parfois penser que le pays est en accord total avec l'ensemble des initiatives en cours. Ce qui n'est pas toujours le cas. La situation est d'autant plus ambiguë lorsque, sous couvert d'un Groupe, le pays est coparrain ou initiateur pour la tenue d'une session spéciale ou auteur et coparrain d'un projet de texte et exprime par la suite une position d'abstention lors du vote. Ce fut par exemple le cas avec une résolution sur le Soudan en 2009, qui fut soumise par le Groupe africain au Conseil et pour laquelle le vote du Burkina fut l'abstention.

Certes, le règlement intérieur de l'Assemblée Générale en matière de prise de position ne fait pas obligation aux États de justifier une position de vote[59], mais une simple explication de vote (sous forme de déclaration, toujours conformément au règlement intérieur de l'Assemblée Générale en la matière) permettra de mieux cerner les contours de ces positions. Il devrait également pouvoir se dissocier de l'initiative de Groupe en le faisant formellement savoir avant l'introduction de l'initiative au Conseil. Ces attitudes permettraient à la communauté internationale de mieux cerner les raisons des positions du pays face à certaines situations, soit parce que l'approche adoptée par le Conseil sur la question ne correspond pas à la politique nationale du Gouvernement en la matière, soit qu'il estime qu'il y a un déséquilibre quant à l'appréciation de la situation. Ces explications de votes avant ou après les votes peuvent aussi se faire sur des textes qui ne suscitent pas forcément d'enjeux politiques particuliers. Cela, juste pour marquer l'intérêt ou non du pays à ce que la question soit abordée par le Conseil. Ce fut le cas par exemple lors de l'adoption de la résolution sur la mortalité maternelle et la morbidité évitables et les droits de l'homme à la 18ème session du Conseil en septembre 2011 où, bien que coauteur du texte, donc par conséquent favorable à son adoption, le Burkina Faso a fait une déclaration avant le vote qui a eu comme objectif de rassurer certaines délégations réticentes sur certains points du texte et de rappeler la nécessité de l'union de l'ensemble des États autour de ce combat universel.

En dehors des précisions à donner aux positions du pays au sein du Conseil, il est tout autant important d'assurer une coordination et une collaboration étroite

---

[59] Article 88 du règlement intérieur de l'Assemblée Générale des Nations Unies.

entre, d'une part, la Représentation diplomatique à Genève, en charge d'exprimer les positions du pays entre autres au sein du Conseil, et l'ensemble des institutions Ministérielles au plan national (la plupart étant d'une manière ou d'une autre concernées par ce qui se passe à Genève, mais il est évident que le Ministère des Affaires Étrangères et de la Coopération Régionale reste le premier et l'interlocuteur privilégié dans le cadre diplomatique), afin d'assurer un suivi conséquent et une mise en œuvre effective des positions adoptées par le Burkina.

On remarque par exemple que, pour la présentation des rapports devant les organes de traités des Nations Unies, plusieurs institutions ministérielles sont mises à contribution aussi bien dans la préparation que pour la présentation du rapport[60] et la composition des délégations traduit bien la volonté du Gouvernement d'exprimer, devant ces organes, l'implication de l'ensemble des institutions étatiques dans la mise en œuvre du traité, dont l'exécution par le pays est examinée. Une telle solidarité institutionnelle pourrait également se faire en ce qui concerne les activités au niveau du Conseil des droits de l'homme.

---

[60] Même si la coordination est assurée par le Ministère en charge de la question. Ce fut le cas en 2010 et 2011 avec le rapport du Burkina au Comité des droits de l'enfant et au Comité contre la discrimination à l'égard des femmes.

IV
APPROCHE CRITIQUE POUR UN RENFORCEMENT DES INITIATIVES ET ACTIONS DU BURKINA FASO AU CONSEIL DES DROITS DE L'HOMME

Les actions entreprises et les acquis comptabilisés sur la diplomatie des droits de l'homme du Burkina Faso doivent être positivement salués. Pour un pays qui fait face à d'importantes contraintes freinant de manière considérable la garantie des droits humains, l'engagement qu'il prend chaque jour en s'affirmant au sein d'une instance aussi importante que le Conseil des droits de l'homme est un défi. Certains États n'osent pas encore affronter cela ; ce qui peut être compréhensible, dans la mesure où il n'est agréable pour aucun pays d'être sous les feux de la communauté internationale pour tel ou tel droit mal promu ou violé, alors que les instruments internationaux auxquels il a adhéré en exigent le respect.

Certaines critiques sur la gestion du mandat du Burkina Faso au Conseil des droits de l'homme ont déjà été abordées dans les différents points précédents, mais l'une des plus importantes ici, qui pourrait d'ailleurs être la préliminaire, est l'impression de relégation au second plan[61], au niveau national, des actions du Burkina Faso au sein du Conseil des droits de l'homme, même si la

[61] Cela s'est ressenti lorsque le Ministère de la promotion des droits humains avait été un temps fusionné à celui de la justice, suite à la crise que le pays a connue en 2011.

réélection du pays pour un second mandat a été saluée par le Gouvernement.

Cette situation pourrait se justifier par deux éléments :

-Le premier, est lié au fait que les droits de l'homme ne figurent pas dans les grands axes de la politique du Ministère des Affaires Étrangères et de la Coopération Régionale. Cet état de fait peut trouver également un sens dans le fait qu'il existe un Ministère spécifiquement en charge de ces questions. Or, le Ministère des Affaires Étrangères reste le premier acteur de la politique internationale du pays et au même titre que figure le Conseil de Sécurité (dont le Burkina a été membre non permanent jusqu'en septembre 2010) dans ses grands axes d'action, au même titre devraient être intégrées les questions de droits de l'homme dont le Conseil des Droits de l'homme, organe non moins important du système des Nations Unies, d'autant plus que le pays en est encore membre.

-Le deuxième est lié au manque de coordination entre les actions entreprises au niveau national en matière de promotion et de protection des droits de l'homme et celles entreprises au niveau du Conseil. Cela pourrait s'expliquer par le cloisonnement des institutions ministérielles dans leurs actions. Car, bien qu'elles aient des attributions spécifiques définies par les textes qui les créent, elles ont en charge des aspects de la vie civile, économique, sociale, politique et culturelle relevant des droits de l'homme qui forment un tout indivisible, et sont clairement définis par la Déclaration Universelle des Droits de l'Homme et les différents instruments internationaux y relatifs (pactes, conventions…).

La diversité même des thématiques abordées au sein du Conseil atteste de sa volonté de non cloisonnement, et cela devrait se traduire également au niveau national. Les institutions représentatives de l'État pourraient prendre part aux sessions du Conseil, notamment à la plus importante qu'est celle du mois de mars ; au moins le temps du mandat du Burkina. L'avantage étant de rassembler le plus possible d'acteurs pour promouvoir et garantir les droits de l'homme au niveau national[62]. Cela constituerait aussi un plus dans la perspective de la présentation du second rapport national sur le suivi des recommandations issues de l'EPU.

Il serait également intéressant de prévoir un cadre de restitution des travaux du Conseil, du moins pour la plus importante, qu'est la première de l'année. Pour cause, l'État a la responsabilité principale de mettre en œuvre les différentes conventions auxquelles il adhère et doit par conséquent conformer ses dispositions internes aux textes internationaux. Dans l'approche des droits humains, les questions fondamentales traitées au plan international dans les différentes dispositions contraignantes (traités, coutumes internationales, principes généraux de droit international...) ou moins contraignantes (déclarations, décisions...), doivent trouver des réponses pratiques, afin de garantir la jouissance des droits humains par les citoyens. C'est dire qu'il appartient aux gouvernements de veiller à l'instauration d'un cadre institutionnel favorable à la pleine garantie des droits de l'homme, conforme aussi aux engagements pris lors de la session de l'EPU en 2008.

En cela, les différents travaux du Conseil des droits de l'homme doivent être pris en compte de manière prompte et pérenne par l'ensemble des structures institutionnelles, afin de ne pas rendre caduques les efforts consentis par les délégations de diplomates, les représentants des organisations internationales, les organisations non gouvernementales et l'ensemble des acteurs de la société civile dans l'enceinte du palais des Nations Unies où siège

[62] Exemple précédemment cité sur la conjonction des efforts pour la présentation des rapports aux organes de traités.

le Conseil. Mais nul doute que, là aussi, les contraintes auxquelles fait face le pays ne faciliteront pas cette contribution générale.

-En ce qui concerne le processus de l'Examen Périodique Universel, les recommandations contenues dans le résultat final du processus visent à garantir le fait que tous les pays soient responsables des progrès ou des échecs dans l'application de celles-ci. Avec le second cycle de l'examen, les États prouvent qu'ils sont en mesure de fournir des informations sans complexe sur les stratégies adoptées pour mettre en œuvre les recommandations formulées lors de l'examen quatre années plus tôt.

À ce titre, le Burkina Faso peut être cité également en exemple comme l'un des pays en Afrique de l'ouest à avoir élaboré un Plan d'Action National de mise en œuvre de ses recommandations.

Sauf qu'à ce niveau aussi, le travail entrepris au niveau national s'est fait sans une collaboration avec la Représentation Permanente du pays à Genève, en charge également de cette question, dans la mesure où elle est l'interface mandatée par le pays pour assurer le succès international des actions nationales, notamment en matière de droits de l'homme. Cette Représentation Permanente, qui aura comme attribution de veiller au succès du passage du pays au deuxième cycle du mécanisme de l'EPU et qui prend part aux rencontres préparatoires à cette deuxième étape importante de l'examen, a donc été exclue d'une étape importante du processus de mise en œuvre que fut l'élaboration de ce Plan d'Action.

Il est par conséquent impératif qu'une coordination et une coopération étroite soient établies entre les ministères concernés et la Représentation Permanente à Genève, afin d'assurer le plein succès des actions entreprises par le pays aux niveaux national et international pour la promotion et la protection des droits de l'homme.

-Le renforcement des capacités des agents (œuvrant au niveau national ou international) ainsi que la valorisation de l'expertise nationale au sein des instances du Conseil devront également rester toujours des priorités gouvernementales. Cela permettra au Burkina de rayonner (ce qui est l'un des objectifs de la diplomatie burkinabé) encore plus au sein des instances internationales de manière générale, et au sein du Conseil des droits de l'homme de manière spécifique.

-La complémentarité des rapports aux organes de traités avec les mécanismes du Conseil : Le Burkina Faso, comme l'ensemble des États ayant ratifié certaines conventions, doit rendre compte aux organes de traités mis en place par le système onusien pour veiller à l'effectivité des obligations internationales contractées. Il en est également ainsi avec d'autres textes régionaux tels que la Charte Africaine des droits de l'homme et des peuples (CADHP) dont la Commission y relative veille à l'effectivité. Dans ces cadres, il est bon que les rapports à soumettre à ces organes continuent à intégrer les priorités du Gouvernement et se fassent de manière régulière et détaillée. L'accent devant être mis sur les réalisations effectives des droits de l'homme au niveau national, en complément des préoccupations exprimées par le Conseil dans ses résolutions, ou lors de l'Examen Périodique Universel et inversement. Il faudra aussi valoriser les acquis nationaux en matière de promotion et de protection des droits de l'homme issus des traités ratifiés, par leur comptabilité dans la mise en œuvre des recommandations y relatives au titre de l'EPU.

-L'assistance technique et la coopération occupent également une place importante dans les missions du Conseil, aussi bien en ce qui concerne la mise en œuvre de ses résolutions que dans le cadre de l'EPU et ce, en collaboration avec le Haut-commissariat des Nations Unies aux droits de l'homme.

Ces organes sont disposés à accompagner et soutenir les États, à leur demande, dans leurs actions en faveur des droits de l'homme. Le Burkina Faso pourrait donc profiter pleinement des opportunités qui sont offertes dans ces cadres pour mettre en œuvre sa politique et son plan sectoriel de promotion et de protection des droits de l'homme (mission confiée au Ministère en charge des droits humains) ;assurer la mise en œuvre des recommandations issues de l'EPU (il faut noter ici le soutien apporté par le bureau régional du Haut-commissariat aux droits de l'homme basé à Dakar, dans l'élaboration du plan d'action national de mise en œuvre des recommandations) , ou renforcer la capacité des agents en charge des questions des droits de l'homme etc.

Ce soutien est également possible par le canal d'organisations telles que la Francophonie (qui a déjà offert une expertise au Burkina Faso lors de l'élaboration de son rapport national pour l'EPU et qui offre toujours un soutien aux pays qui la sollicitent pour la mise en œuvre des recommandations dans le cadre du deuxième cycle) ou celui des partenaires qui ont offert également de soutenir le Burkina dans cette phase secondaire.

CONCLUSION

Tel que cela a été précisé dans la politique et le plan sectoriel de promotion et de protection des droits de l'homme du Ministère en charge des droits humains du Burkina Faso : « ... Il appartient aux gouvernants de réaliser les espérances et les attentes du peuple par un engagement indéfectible en faveur de la démocratie et de l'État de droit fondé sur les droits humains et les libertés fondamentales, la justice et la paix sociale ».

Cet engagement s'est traduit au niveau international par l'adhésion du Burkina Faso à plusieurs accords et traités internationaux, mais également par sa présence comme membre du Conseil des droits de l'homme, afin de prendre part aux grandes décisions qui permettent de juguler les violences inutiles à l'existence d'un monde meilleur, exempt de conflits et gage de paix pour les générations d'aujourd'hui et de demain.

Depuis la Déclaration Universelle des droits de l'homme qui définit les idéaux à atteindre par tous pour une garantie optimale des droits de tous les individus et des peuples, il a fallu penser à élaborer des textes toujours plus contraignants pour pallier les failles des précédents et contrer les violations toujours plus insidieuses des droits de l'homme.

C'est dire que les missions de promotion et de protection des droits humains sont une œuvre de longue haleine, qui exige une action multisectorielle s'inscrivant dans la durée. Un peu plus de 50 ans après l'indépendance du Burkina Faso, de considérables efforts ont été faits et plusieurs défis ont été relevés en matière de promotion et protection des droits de la personne, malgré les obstacles liés aux conjonctures sociopolitiques et surtout économiques difficiles. Cela s'est traduit, entre autres, par le renforcement de la contribution du pays aux processus d'intégration régionale et sous-régionale en Afrique, la poursuite des efforts en faveur de la promotion de la paix et de la sécurité internationale et régionale, ainsi que l'amélioration des conditions de vie des Burkinabés.

On peut donc s'accorder à reconnaître que les actions diplomatiques du Burkina Faso sont riches et variées, dans un contexte international marqué par de nombreux bouleversements. Par conséquent, elles doivent être de plus en plus proactives afin d'engranger encore plus d'acquis, et la présence du Burkina Faso au sein du Conseil des Droits de l'Homme est un précieux canal à exploiter.

ABRÉVIATIONS

-CADHP : Charte Africaine des Droits de l'Homme et des Peuples.
-CDH : Conseil des Droits de l'Homme.
-DUDH: Déclaration Universelle des Droits de l'Homme.
-EPU: Examen Périodique Universel.
-HCDH : Haut-Commissariat des Nations Unies aux Droits de l'Homme.
-MGF : Mutilations Génitales Féminines.
-ONG : Organisations Non Gouvernementales.
-ONU : Organisation des Nations Unies.

ANNEXES

1. Résolution 5/1 sur le fonctionnement du Conseil des droits de l'homme.
2. Récapitulatif des recommandations faites au Burkina Faso à l'issue de son Examen Périodique Universel et réponses préliminaires du pays.

Pour toute autre documentation relative au réexamen des activités et du fonctionnement du Conseil, à l'Examen périodique universel (EPU) ou sur les titulaires de mandats, voir sur le site du Haut-Commissariat des Nations Unies aux droits de l'homme : http://www.ohcrh.org.

Conseil des droits de l'homme

5/1. Mise en place des institutions du Conseil des droits de l'homme

Le Conseil des droits de l'homme,

Agissant conformément au mandat qui lui a été confié par l'Assemblée générale dans sa résolution 60/251 du 15 mars 2006,

Ayant examiné le projet de texte sur la mise en place des institutions soumis par le Président du Conseil,

1. *Adopte* le projet de texte intitulé «Conseil des droits de l'homme: Mise en place des institutions» qui figure en annexe à la présente résolution, y compris son (ses) appendice(s);

2. *Décide* de soumettre le projet de résolution ci-après à l'Assemblée générale en vue de son adoption à titre prioritaire, afin de faciliter la mise en œuvre sans délai de la teneur du texte joint:

> «*L'Assemblée générale,*
>
> *Prenant note* de la résolution 5/1 du Conseil des droits de l'homme, en date du 18 juin 2007,
>
> 1. *Accueille avec satisfaction* le texte intitulé «Conseil des droits de l'homme: Mise en place des institutions» tel qu'il figure en annexe à la présente résolution, y compris son (ses) appendice(s).».

9e séance
18 juin 2007

(Résolution adoptée sans vote.)[63]

I. MÉCANISME D'EXAMEN PÉRIODIQUE UNIVERSEL

A. Base de l'examen périodique universel

1. L'examen sera fondé sur:

a)La Charte des Nations Unies;

---

[63] Texte de la résolution tel que disponible sur le site du Haut commissariat aux droits de l'homme.

b) La Déclaration universelle des droits de l'homme;

c)Les instruments internationaux relatifs aux droits de l'homme auxquels l'État est partie;

d) Les obligations et engagements souscrits volontairement par les États, notamment quand ils présentent leur candidature à l'élection au Conseil des droits de l'homme (ci-après «le Conseil»).

2. Outre ce qui précède et vu la complémentarité et l'interdépendance du droit international relatif aux droits de l'homme et du droit international humanitaire, qui concourent au même but, il faudra tenir compte du droit international humanitaire applicable.

B. Principes et objectifs

1. Principes

3. L'examen périodique universel devra :

a)Promouvoir l'universalité, l'interdépendance, l'indivisibilité et l'indissociabilité de tous les droits de l'homme;

b) Être un mécanisme coopératif reposant sur des informations objectives et dignes de foi et sur le dialogue;

c)Assurer la couverture universelle et l'égalité de traitement de tous les États;

d) Constituer un processus intergouvernemental, animé par les Membres de l'Organisation des Nations Unies et dirigé vers l'action;

e)Associer entièrement le pays soumis à examen;

f)Compléter les autres mécanismes relatifs aux droits de l'homme sans faire double emploi et apporter ainsi une valeur ajoutée;

g) Être mené d'une façon objective, transparente, non sélective, constructive, non politisée et sans confrontation;

h) Ne pas représenter un fardeau excessif pour l'État intéressé ou pour l'ordre du jour du Conseil;

i)Ne pas être d'une durée excessive. Il devra rester dans des limites réalistes et le temps et les ressources humaines et financières qui lui seront consacrés ne devront pas être disproportionnés;

j)Ne pas diminuer la capacité du Conseil de répondre à des situations urgentes en matière de droits de l'homme;

k) Intégrer pleinement une perspective de genre;

l)Sans préjudice des obligations figurant dans les différents éléments qui servent de fondement à l'examen, tenir compte du degré de développement et des particularités propres à chaque pays;

m)Garantir la participation de toutes les parties prenantes, y compris des organisations non gouvernementales et des institutions nationales des droits de l'homme, conformément à la résolution 60/251 de l'Assemblée générale en date du 15 mars 2006, et à la résolution 1996/31 du Conseil économique et social, en date du 25 juillet 1996, ainsi qu'à toute décision que le Conseil pourra prendre à ce propos.

2. Objectifs

4. Les objectifs de l'examen sont les suivants:

a)Amélioration de la situation des droits de l'homme sur le terrain;

b) Respect par l'État de ses obligations et engagements en matière de droits de l'homme et évaluation des faits nouveaux positifs et des difficultés rencontrées;

c)Renforcement des capacités de l'État et assistance technique en consultation avec l'État intéressé et avec l'accord dc cclui-ci;

d) Mise en commun des meilleures pratiques entre les États et les autres parties prenantes;

e)Soutien à la coopération pour la promotion et la protection des droits de l'homme;

f)Encouragement à coopérer et à dialoguer sans réserve avec le Conseil, les autres organes relatifs aux droits de l'homme et le Haut-commissariat des Nations Unies aux droits de l'homme.

C. Périodicité et ordre d'examen

5. L'examen commence après l'adoption par le Conseil du mécanisme d'examen périodique universel.
6. L'ordre d'examen devra refléter les principes d'universalité et d'égalité de traitement.
7. L'ordre d'examen devra être arrêté dès que possible afin de permettre aux États de se préparer comme il convient.
8. Tous les États membres du Conseil des droits de l'homme feront l'objet d'un examen pendant qu'ils siègent au Conseil.
9. Les membres initiaux du Conseil, en particulier ceux qui ont été élus pour un mandat d'une ou de deux années, devront être examinés en premier.
10. Un éventail d'États membres et d'États observateurs du Conseil devra être examiné.
11. La sélection des pays à examiner devra obéir au principe de la répartition géographique équitable.
12. Les premiers États membres et observateurs qui feront l'objet d'un examen seront choisis par tirage au sort dans chaque groupe régional de façon à garantir le respect absolu du principe de la répartition géographique équitable. Il sera ensuite procédé par ordre alphabétique en commençant par les pays ainsi choisis, à moins que d'autres pays ne se portent volontairement candidats à un examen.
13. La période entre deux cycles d'examen devra être d'une durée raisonnable pour permettre aux États de se préparer aux demandes qui font suite à l'examen et aux autres parties prenantes d'y répondre.
14. La périodicité de l'examen pour le premier cycle sera de quatre ans. Cela nécessitera l'examen de 48 États par an pendant trois sessions du groupe de travail, qui auront chacune deux semaines.

D. Processus et modalités de l'examen

1. Documentation

15. L'examen sera fondé sur:

a)Des renseignements rassemblés par l'État intéressé, qui pourront être présentés sous forme d'un rapport national, suivant les directives générales que le Conseil adoptera à sa sixième session (première session du deuxième cycle) et tous autres renseignements jugés utiles par l'État, qui pourront être présentés oralement ou par écrit, sous réserve que l'exposé écrit résumant les renseignements ne dépasse pas 20 pages afin de garantir l'égalité de traitement entre les États et de ne pas surcharger le mécanisme. Les États sont encouragés à procéder à des consultations de grande envergure au niveau national avec toutes les parties prenantes pour rassembler ces renseignements;

b) En outre, une compilation, établie par le Haut-commissariat aux droits de l'homme, des renseignements figurant dans les rapports des organes conventionnels, des procédures spéciales, y compris les observations et les commentaires de l'État intéressé, et d'autres documents officiels des Nations Unies, qui n'aura pas plus de 10 pages;

c)D'autres informations crédibles et dignes de foi émanant d'autres parties prenantes à l'examen périodique universel devront être prises en considération par le Conseil. Le Haut-commissariat fera un résumé de ces informations dans un document de 10 pages au maximum.

16.Les documents établis par le Haut-commissariat devront suivre la structure des directives générales que le Conseil adoptera en ce qui concerne les renseignements devant être présentés par l'État intéressé.

17.L'exposé écrit de l'État et les résumés établis par le Haut-commissariat seront prêts six semaines avant l'examen effectué par le groupe de travail de façon à pouvoir être distribués simultanément dans les six langues officielles de l'Organisation des Nations Unies, conformément à la résolution 53/208 de l'Assemblée générale, en date du 14 janvier 1999.

2. Modalités

18. L'examen se déroulera selon les modalités suivantes:

a)L'examen sera conduit au sein d'un groupe de travail, présidé par le Président du Conseil et composé des 47 États membres du Conseil. Chaque État membre décidera de la composition de sa délégation;

b) Les États observateurs pourront participer à l'examen, y compris au dialogue;

c)D'autres parties intéressées pourront assister à l'examen au sein du groupe de travail;

d) Un groupe de trois rapporteurs, tirés au sort parmi les membres du Conseil et représentant différents groupes régionaux (troïka) sera constitué afin de faciliter chaque examen, ainsi que l'établissement du rapport du groupe de travail. Le Haut-commissariat apportera l'assistance et les compétences nécessaires.

19. Le pays intéressé pourra demander que l'un des rapporteurs appartienne à son propre groupe régional et pourra également demander le remplacement d'un rapporteur, une fois seulement.

20. Un rapporteur pourra demander à être excusé pour un processus d'examen déterminé.

21. Le dialogue entre le pays examiné et le Conseil se déroulera au groupe de travail. Les rapporteurs pourront faire une liste de points ou de questions qui sera communiquée à l'État examiné pour lui permettre de se préparer afin d'avoir ensuite un dialogue sur des points précis, tout en garantissant l'équité et la transparence.

22. L'examen durera trois heures pour chaque pays, au groupe de travail. Une heure de plus, au maximum, sera consacrée à l'examen du document final par le Conseil en séance plénière.

23. Une demi-heure sera consacrée à l'adoption du rapport concernant chaque pays ayant fait l'objet d'un examen au groupe de travail.

24. Il faudra prévoir un laps de temps raisonnable entre l'examen et l'adoption du rapport concernant chaque État au groupe de travail.

25. Le document final sera adopté par le Conseil en séance plénière.

E. Document final de l'examen

1. Présentation du document final

26. Le document final de l'examen se présentera sous la forme d'un rapport consistant en un résumé des débats, des recommandations et/ou conclusions et des engagements pris volontairement par l'État intéressé.

2. Teneur du document final

27. L'examen périodique universel est un processus coopératif. Le document final pourra notamment:

a)Faire une évaluation objective et transparente de la situation des droits de l'homme dans le pays à l'examen, y compris des faits nouveaux positifs et des difficultés rencontrées par le pays;

b) Faire connaître les meilleures pratiques;

c)Mettre l'accent sur le renforcement de la coopération pour la promotion et la protection des droits de l'homme;

d) Offrir une assistance technique et des moyens de renforcer les capacités, en consultation avec le pays intéressé et avec l'accord de celui-ci;

e)Consigner les engagements pris et les assurances données volontairement par le pays examiné.

3. Adoption du document final

28. Le pays examiné devra être entièrement associé à l'établissement du document final.
29. Avant l'adoption du document final par le Conseil en séance plénière, l'État intéressé devra avoir la possibilité de présenter des réponses aux questions ou aux points qui n'ont pas été suffisamment traités pendant le dialogue.
30. L'État intéressé et les États membres du Conseil, ainsi que les États observateurs, auront la possibilité d'exprimer leur opinion sur le document final avant que le Conseil ne prenne une décision sur celui-ci en séance plénière.
31. D'autres parties prenantes intéressées auront la possibilité de faire des observations d'ordre général avant l'adoption du document final par le Conseil en séance plénière.

32. Les recommandations qui recueillent l'appui de l'État intéressé seront consignées comme telles. D'autres recommandations ainsi que les observations à leur sujet de l'État intéressé seront notées. Les unes et les autres figureront dans le rapport final adopté par le Conseil.

F. Suivi de l'examen

33. Les recommandations faites à l'issue de l'examen périodique universel, en tant que mécanisme coopératif, devront être appliquées au premier chef par l'État intéressé et, selon qu'il conviendra, par d'autres parties prenantes intéressées.

34. L'examen suivant devra être axé notamment sur la mise en œuvre des conclusions et recommandations résultant de l'examen précédent.

35. L'examen périodique universel devra faire l'objet d'un point permanent de l'ordre du jour du Conseil.

36. La communauté internationale aidera à mettre en œuvre les recommandations et conclusions concernant le renforcement des capacités et l'assistance technique, en consultation avec le pays intéressé et avec l'accord de celui-ci.

37. Quand il examinera le document final de l'examen périodique universel, le Conseil déterminera s'il y a lieu de prévoir des mesures de suivi particulières.

38. Après avoir épuisé tous les efforts pour encourager un État à coopérer à la procédure d'examen périodique universel, le Conseil se penchera, s'il y a lieu, sur les cas de non coopération persistante.

II. PROCÉDURES SPÉCIALES

A. Sélection et nomination des titulaires de mandat

39. Les critères généraux suivants seront d'une importance primordiale pour la nomination, la sélection et la désignation des titulaires de mandat: a) compétence; b) expérience dans le domaine couvert par le mandat; c) indépendance; d) impartialité; e) intégrité personnelle; et f) objectivité.

40. Il faudra tenir dûment compte des principes de l'équilibre entre les sexes, d'une représentation géographique équitable et d'une représentation appropriée des différents systèmes juridiques.
41. Des critères techniques et objectifs de qualification des candidats pouvant prétendre aux fonctions de titulaire de mandat seront approuvés par le Conseil à sa sixième session (première session du deuxième cycle) pour faire en sorte que les candidats admis soient des personnes hautement qualifiées qui possèdent des compétences établies et les connaissances spécialisées pertinentes, et justifient d'une expérience professionnelle approfondie dans le domaine des droits de l'homme.
42.Les entités ci-après pourront présenter des candidatures aux fonctions de titulaire de mandat au titre des procédures spéciales: a) les gouvernements; b) les groupes régionaux constitués au sein du système des droits de l'homme de l'ONU; c) les organisations internationales ou leurs bureaux (par exemple le Haut-commissariat aux droits de l'homme); d) les organisations non gouvernementales; e) les autres organes de protection des droits de l'homme; f) les candidats eux-mêmes, à titre individuel.
43. Le Haut-commissariat établira immédiatement, conservera et mettra périodiquement à jour une liste publique de candidats remplissant les conditions requises, dans une présentation normalisée indiquant leurs renseignements personnels, domaines de compétence et expérience professionnelle. Les futures vacances de mandat seront publiées.
44. Le principe du non cumul des mandats dans le domaine des droits de l'homme sera respecté.
45. La durée d'un mandat dans une fonction donnée, thématique ou par pays, ne dépassera pas six ans (deux mandats de trois ans dans le cas des mandats thématiques).
46. Les personnes ayant de hautes responsabilités dans un gouvernement ou dans toute autre organisation ou entité qui pourraient donner lieu à un conflit d'intérêts avec les responsabilités inhérentes au mandat seront écartées. Les titulaires de mandat agiront à titre individuel.

47. Il sera institué un groupe consultatif chargé de proposer au Président, au moins un mois avant le début de la session au cours de laquelle le Conseil examinerait la sélection de titulaires de mandat, une liste de candidats possédant les plus hautes qualifications pour les mandats en question et répondant aux critères généraux comme aux conditions particulières.
48. Le groupe consultatif accordera aussi l'attention voulue à l'exclusion de candidats, désignés de la liste publique de candidats éligibles, portée à sa connaissance.
49. Au début du cycle annuel du Conseil, les groupes régionaux seront invités à nommer au groupe consultatif un membre qui siégera à titre individuel. Le groupe recevra l'assistance du Haut-commissariat aux droits de l'homme.
50. Le groupe consultatif examinera les candidatures figurant sur la liste publique; cependant, dans des circonstances exceptionnelles et si un poste particulier le justifie, le groupe pourra examiner d'autres candidatures de personnes ayant des qualifications égales, ou plus indiquées, pour le poste. Les recommandations faites au Président seront publiques et étayées.
51. Le groupe consultatif devra tenir compte, selon qu'il conviendra, de l'avis des parties intéressées, y compris les titulaires de mandat en fonctions ou sortants, pour déterminer les connaissances spécialisées, l'expérience, les aptitudes nécessaires et les autres critères applicables à chaque mandat.
52. Sur la base des recommandations du groupe consultatif et à l'issue de consultations étendues, tenues en particulier par l'intermédiaire des coordonnateurs régionaux, le Président du Conseil déterminera le candidat approprié pour chaque vacance. Le Président présentera aux États membres et aux observateurs une liste de candidats au moins deux semaines avant le début de la session à laquelle le Conseil examinera les candidatures.
53. Si nécessaire, le Président mènera de plus amples consultations afin d'obtenir un accord sur les candidatures proposées. La nomination des titulaires de mandat au titre de procédures spéciales sera achevée après approbation ultérieure du Conseil. Les titulaires de mandat seront nommés avant la fin de la session.

B. Examen, rationalisation et amélioration des mandats

54. L'examen, la rationalisation et l'amélioration des mandats, ainsi que la création de nouveaux mandats, doivent être guidés par les principes d'universalité, d'impartialité, d'objectivité et de non sélectivité, du dialogue et de la coopération constructifs à l'échelle internationale, de façon à favoriser la promotion et la protection de tous les droits de l'homme – civils, politiques, économiques, sociaux et culturels, y compris le droit au développement.

55. L'examen, la rationalisation et l'amélioration de chaque mandat auront lieu dans le cadre des négociations sur les résolutions pertinentes. Il pourra être procédé à une évaluation du mandat dans une phase distincte du dialogue entre le Conseil et les titulaires de mandat au titre des procédures spéciales.

56. L'examen, la rationalisation et l'amélioration des mandats porteront essentiellement sur la pertinence, la portée et la teneur des mandats, en ayant pour cadre les normes internationalement reconnues dans le domaine des droits de l'homme, le système des procédures spéciales et la résolution 60/251 de l'Assemblée générale.

57. Toute décision tendant à rationaliser, fusionner des mandats ou éventuellement y mettre fin devra toujours obéir à la nécessité d'améliorer la jouissance et la protection des droits de l'homme.

58. Le Conseil devra toujours tendre à des améliorations:

a) Les mandats devront toujours offrir une claire perspective d'amélioration du niveau de protection et de promotion des droits de l'homme et être cohérents au sein du système des droits de l'homme;

b) Une égale attention devra être accordée à tous les droits de l'homme. L'équilibre entre les mandats thématiques devra refléter globalement l'égalité en importance acceptée des droits civils et politiques et des droits économiques, sociaux et culturels, y compris le droit au développement;

c) Aucun effort ne devra être épargné pour éviter les doublons;

d) Les domaines qui ne sont pas couverts par une procédure thématique seront identifiés et traités, éventuellement par des moyens autres que la création de mandats au titre de procédures spéciales, par exemple en élargissant un mandat existant, en portant une question intersectorielle à l'attention des titulaires de mandat ou en demandant aux titulaires de mandat concernés de mener conjointement une action;

e) Avant de décider de fusionner des mandats, il faudra étudier le contenu et les fonctions prédominantes de chaque mandat, et tenir compte de la charge de travail de chaque titulaire de mandat;

f) Lorsque des mandats sont créés ou examinés, il faudra s'attacher à déterminer si la structure du mécanisme (expert, rapporteur ou groupe de travail) est la plus efficace pour accroître la protection des droits de l'homme;

g) Les nouveaux mandats devront être aussi clairs et précis que possible, afin d'éviter toute ambiguïté.

59. On devra juger souhaitable de disposer d'une nomenclature uniforme des titulaires de mandat et des intitulés des mandats ainsi que d'une procédure de sélection et de nomination uniforme, afin de rendre l'ensemble du système plus aisément compréhensible.

60. La durée des mandats thématiques sera de trois ans. La durée des mandats par pays sera d'un an.

61. Les mandats figurant à l'appendice I seront renouvelés s'il y a lieu jusqu'à la date à laquelle le Conseil les examinera, conformément à son programme de travail.

62. Les titulaires de mandat actuels pourront continuer d'exercer leur mandat, à condition qu'ils n'aient pas dépassé la limite de six ans (appendice II). À titre exceptionnel, le terme du mandat de titulaires actuels qui l'ont exercé plus de six ans sera prorogé jusqu'à ce que le mandat soit examiné par le Conseil et que la procédure de sélection et de nomination soit achevée.

63.Toute décision tendant à créer, reconsidérer ou supprimer un mandat par pays devra être prise en tenant également compte des principes de coopération et de dialogue authentique visant à renforcer la capacité des États Membres de s'acquitter de leurs obligations dans le domaine des droits de l'homme.

64. En cas de situations de violation des droits de l'homme ou d'absence de coopération demandant l'attention du Conseil, les

principes d'objectivité, de non sélectivité, d'élimination de toute inégalité de traitement et de toute politisation devront s'appliquer.

III. COMITE CONSULTATIF DU CONSEIL DES DROITS DE L'HOMME

65. Le Comité consultatif du Conseil des droits de l'homme (ci-après dénommé «le Comité consultatif»), composé de 18 experts siégeant à titre individuel, fera fonction de groupe de réflexion attaché au Conseil et travaillera sous sa direction. La création de cet organe subsidiaire et son fonctionnement répondront aux directives ci-après.

A. Nomination

66. Tous les États Membres de l'ONU pourront proposer ou approuver la candidature de personnes originaires de leur propre région. Lorsqu'ils sélectionneront leurs candidats, les États devront consulter leurs propres institutions des droits de l'homme et organisations de la société civile et, à cet égard, feront connaître les noms de celles qui appuient leurs candidats.
67. Le but est de faire en sorte que les meilleures compétences possibles soient mises à la disposition du Conseil. À cet effet, des critères techniques et objectifs de présentation des candidatures seront établis et approuvés par le Conseil à sa sixième session (première session du deuxième cycle). Parmi ces critères devront figurer les suivants:

a) Compétence et expérience reconnues dans le domaine des droits de l'homme;

b) Haute moralité;

c) Indépendance et impartialité.

68. Les personnes ayant de hautes responsabilités dans un gouvernement ou dans toute autre organisation ou entité qui pourraient donner lieu à un conflit d'intérêts avec les responsabilités inhérentes au mandat seront écartées. Les membres élus au Comité siégeront à titre individuel.
69. Le principe du non cumul des fonctions dans le domaine des droits de l'homme sera respecté.

B. Élection

70. Le Conseil élira les membres du Comité consultatif au scrutin secret, sur la liste de candidats dont les noms auront été présentés conformément aux conditions arrêtées.

71. La liste des candidats sera close deux mois avant la date de l'élection. Le secrétariat communiquera la liste des candidats et les informations pertinentes aux États membres et les rendra publiques au moins un mois avant l'élection.

72. Il faudra accorder l'attention voulue à l'équilibre entre les sexes et à une représentation appropriée des différentes civilisations et des différents systèmes juridiques.

73. La répartition géographique sera la suivante:

- États d'Afrique: 5
- États d'Asie: 5
- États d'Europe orientale: 2
- États d'Amérique latine et des Caraïbes: 3
- États d'Europe occidentale et autres États: 3

74. Les membres du Comité consultatif auront un mandat de trois ans. Ils ne pourront se représenter qu'une seule fois. Au cours du premier mandat, un tiers des experts siègera pendant un an et un autre tiers pendant deux ans. L'étalement des mandats sera arrêté par tirage au sort.

C. Attributions

75. Le Comité consultatif aura pour fonction de fournir des services d'experts au Conseil selon les modalités définies par celui-ci, en se concentrant essentiellement sur des études et des avis étayés par des recherches. En outre, ces services d'experts ne seront fournis que sur la demande du Conseil, conformément à ses résolutions et selon ses orientations.

76. Le Comité consultatif devra être orienté vers la mise en œuvre et la portée de ses avis devra se limiter aux questions thématiques entrant dans le mandat du Conseil, à savoir la promotion et la protection de tous les droits de l'homme.

77. Le Comité consultatif n'adoptera pas de résolutions ni de décisions. Il pourra proposer, dans le cadre des travaux assignés par le Conseil, pour examen et approbation par celui-ci, des propositions d'amélioration de l'efficacité de ses procédures

ainsi que des propositions de recherche dans la limite du champ d'activité fixé par le Conseil.

78. Le Conseil formulera des directives spécifiques à l'intention du Comité consultatif lorsqu'il lui demandera d'apporter une contribution quant au fond et réexaminera tout ou partie de ces directives s'il le juge nécessaire dans l'avenir.

D. Méthodes de travail

79. Le Comité consultatif convoquera au plus deux sessions d'un maximum de dix jours ouvrables par an. Des sessions supplémentaires pourront être prévues ponctuellement avec l'approbation préalable du Conseil.

80. Le Conseil pourra demander aux membres du Comité consultatif d'entreprendre certaines tâches collectivement, pouvant être accomplies en petite équipe ou individuellement. Le Comité consultatif fera rapport au Conseil sur ces activités.

81. Les membres du Comité consultatif sont encouragés à communiquer entre les sessions, individuellement ou en équipe. Toutefois, le Comité consultatif n'établira pas d'organes subsidiaires à moins que le Conseil ne l'y autorise.

82. Dans l'exercice de son mandat, le Comité consultatif sera engagé instamment à établir des relations d'interaction avec les États, les institutions nationales des droits de l'homme, les ONG et d'autres entités de la société civile, conformément aux modalités définies par le Conseil.

83. Les États membres et les observateurs, notamment les États qui ne sont pas membres du Conseil des droits de l'homme, les institutions spécialisées, les autres organisations intergouvernementales et les institutions nationales des droits de l'homme ainsi que les organisations non gouvernementales pourront participer aux travaux du Comité consultatif sur la base de certaines dispositions, notamment la résolution 1996/31 du Conseil économique et social, et des pratiques observées par la Commission des droits de l'homme et le Conseil, de sorte qu'ils puissent y apporter la meilleure contribution possible.

84. Le Conseil déterminera à sa sixième session (première session du deuxième cycle) quels sont les mécanismes les plus appropriés pour poursuivre les travaux des groupes de travail sur les populations autochtones, sur les minorités et sur les

formes contemporaines d'esclavage ainsi que l'activité du Forum social.

IV. PROCÉDURE DE REQUÊTE

A. Objectif et portée

85.Une procédure de requête est mise en place pour traiter tout ensemble de violations flagrantes et attestées par des éléments dignes de foi de tous les droits de l'homme et de toutes les libertés fondamentales, quelles que soient la région du monde et les circonstances dans lesquelles elles sont commises.

86. La résolution 1503 (XLVIII) du Conseil économique et social, en date du 27 mai 1970, telle qu'elle a été révisée par la résolution 2000/3 du Conseil, en date du 19 juin 2000, avec l'apport des améliorations nécessaires, a servi de base aux efforts déployés pour veiller à ce que la procédure de requête soit impartiale, objective, efficace, favorable aux victimes et conduite en temps utile. La procédure conservera son caractère confidentiel, de façon à renforcer la coopération avec l'État intéressé.

B. Critères de recevabilité des communications

87. Une communication portant sur une violation des droits de l'homme et des libertés fondamentales sera recevable, aux fins de la procédure, à condition:

a) Qu'elle n'ait manifestement pas de motivations politiques et que son objet soit compatible avec la Charte des Nations Unies, la Déclaration universelle des droits de l'homme et d'autres instruments applicables relatifs au droit des droits de l'homme;

b) Qu'elle donne une description factuelle des violations alléguées, ainsi que des droits qui auraient été violés;

c) Qu'elle ne soit pas rédigée en des termes insultants. Une telle communication pourra toutefois être examinée si elle satisfait aux autres critères de recevabilité, après suppression des termes insultants;

d) Qu'elle émane d'un individu ou d'un groupe d'individus qui affirme être victime d'une violation des droits de l'homme et des libertés fondamentales, ou d'un individu ou d'un groupe d'individus, qui peut être une organisation non gouvernementale agissant de bonne foi conformément aux principes relatifs aux droits de l'homme, n'ayant pas de motivations politiques contraires aux dispositions de la Charte des Nations Unies et affirmant avoir une connaissance directe et sûre des violations en cause. Toutefois, des communications assorties d'éléments dignes de foi ne seront pas déclarées irrecevables simplement parce que la connaissance qu'ont leurs auteurs de la violation est indirecte, pourvu qu'elles soient étayées par des éléments de preuve incontestables;

e) Qu'elle ne repose pas exclusivement sur des informations diffusées par les médias;

f) Qu'elle ne renvoie pas à une situation qui semble révéler un ensemble de violations flagrantes des droits de l'homme attestées par des éléments dignes de foi mais qui est déjà traitée dans le cadre d'une procédure spéciale d'un organe conventionnel ou d'autres procédures de requête relatives aux droits de l'homme de l'Organisation des Nations Unies ou de procédures régionales similaires;

g) Que les recours internes aient été épuisés, à moins qu'il n'apparaisse que ces recours seraient inefficaces ou d'une durée excessivement longue.

88. Les institutions nationales des droits de l'homme dont la création et le fonctionnement obéissent aux Principes concernant le statut des institutions nationales pour la promotion et la protection des droits de l'homme (Principes de Paris), y compris en matière de compétence quasi juridictionnelle, pourront être considérées comme un moyen utile de répondre aux violations des droits de l'homme individuelles.

C. Groupes de travail

89. Deux groupes de travail distincts seront créés avec pour mandat d'examiner les communications et de porter à l'attention du Conseil des droits de l'homme tout un ensemble de violations flagrantes et attestées par des éléments dignes de foi des droits de l'homme et des libertés fondamentales.

90. Les deux groupes de travail agiront, dans la mesure du possible, par consensus. Faute de consensus, les décisions seront prises à la majorité simple des voix. Ils pourront établir leur propre règlement intérieur.

1. Groupe de travail des communications: composition, mandat et compétences

91. Le Comité consultatif du Conseil des droits de l'homme désignera cinq de ses membres parmi les représentants de chacun des groupes régionaux, compte dûment tenu des principes de l'équilibre entre les sexes, pour constituer le Groupe de travail des communications.

92. En cas de vacance de poste, le Comité consultatif désignera un expert indépendant et hautement qualifié choisi parmi les membres du même groupe régional.

93. Comme il est nécessaire de disposer de compétences indépendantes et d'assurer une continuité dans l'examen et l'évaluation des communications, les experts indépendants et hautement qualifiés qui siégeront au Groupe de travail des communications auront un mandat de trois ans renouvelable une seule fois.

94. Le Président du Groupe de travail des communications aura à effectuer, en collaboration avec le secrétariat, un premier tri des communications, en se fondant sur les critères de recevabilité, avant de les transmettre aux États intéressés. Celles qui sont manifestement infondées ou anonymes seront écartées par le Président et par conséquent ne seront pas transmises à l'État intéressé. Par souci de responsabilisation et de transparence, le Président du Groupe de travail des communications fournira à tous les membres du Groupe de travail une liste de toutes les communications rejetées après l'examen initial. Cette liste devra indiquer les motifs à la base de toutes les décisions de rejet. Toutes les autres communications, qui n'auront pas été rejetées, seront transmises aux États intéressés pour qu'ils fassent part de leurs observations sur les allégations de violation.

95. Les membres du Groupe de travail des communications décideront de la recevabilité d'une communication, examineront sur le fond les allégations de violation, y compris

la question de savoir si la communication, considérée séparément ou conjointement avec d'autres communications, semble révéler un ensemble de violations flagrantes et attestées par des éléments dignes de foi des droits de l'homme et des libertés fondamentales. Le Groupe de travail des communications fournira au Groupe de travail des situations un dossier contenant toutes les communications recevables, ainsi que les recommandations dont elles auront fait l'objet. Si le Groupe de travail requiert un examen plus approfondi ou un complément d'information, il pourra garder l'affaire à l'examen jusqu'à sa session suivante et demandera les informations voulues à l'État intéressé. Il pourra décider de classer une affaire. Toutes les décisions du Groupe de travail des communications seront fondées sur une application rigoureuse des critères de recevabilité et dûment justifiées.

2. Groupe de travail des situations: composition, mandat et compétences

96. Les groupes régionaux, compte dûment tenu des principes de l'équilibre entre les sexes, nommeront chacun le représentant d'un État membre du Conseil au Groupe de travail des situations. Le mandat des membres du Groupe de travail sera d'un an, renouvelable une fois, si l'État intéressé est toujours membre du Conseil.

97. Les membres du Groupe de travail des situations siègent à titre individuel. En cas de vacance, le groupe régional auquel le poste vacant appartient nommera un représentant originaire d'un des États membres du même groupe régional.

98. Le Groupe de travail des situations est appelé à présenter au Conseil des droits de l'homme, sur la base des informations et des recommandations émanant du Groupe de travail des communications, un rapport sur tout ensemble de violations flagrantes et attestées par des éléments dignes de foi des droits de l'homme et des libertés fondamentales et à faire des recommandations au Conseil sur les mesures à prendre, normalement sous la forme d'un projet de résolution ou de décision sur les situations qui lui sont renvoyées. Si le Groupe de travail des situations requiert un examen plus approfondi ou un complément d'information, ses membres pourront garder

l'affaire à l'examen jusqu'à la session suivante du Groupe. Le Groupe de travail des situations peut aussi décider de classer une affaire.

99. Toutes les décisions du Groupe de travail des situations seront dûment étayées et indiqueront la raison pour laquelle l'examen d'une situation a été arrêté ou la mesure recommandée à propos de cette situation. La décision de mettre fin à l'examen d'une situation devrait être prise par consensus ou, si cela n'est pas possible, à la majorité simple des voix.

D. Modalités de travail et confidentialité

100. Comme la procédure de requête doit être, entre autres, traitée dans une optique favorable à la victime et conduite de manière confidentielle et en temps voulu, les deux groupes de travail tiendront au moins deux sessions par an, de cinq jours ouvrables chacune, de façon à examiner promptement les communications, y compris les réponses à ces communications, ainsi que les situations dont le Conseil est déjà saisi dans le cadre de la procédure de requête.

101. L'État intéressé coopérera avec la procédure de requête et n'épargnera aucun effort pour apporter des réponses quant au fond, dans une des langues officielles de l'ONU, à toute demande du Groupe de travail ou du Conseil des droits de l'homme. Il n'épargnera en outre aucun effort pour apporter sa réponse dans les trois mois qui suivront la formulation de la demande. Si nécessaire, ce délai pourra toutefois être prorogé à la demande de l'État intéressé.

102. Le secrétariat est tenu de communiquer les dossiers confidentiels à tous les membres du Conseil, au moins deux semaines à l'avance, pour qu'ils aient le temps de les examiner.

103. Le Conseil des droits de l'homme examinera les ensembles de violations flagrantes et attestées par des éléments dignes de foi des droits de l'homme et des libertés fondamentales portées à son attention par le Groupe de travail des situations aussi souvent que cela sera nécessaire, mais au moins une fois par an.

104. Les rapports du Groupe de travail des situations renvoyés au Conseil des droits de l'homme seront examinés de manière confidentielle, à moins que le Conseil n'en décide autrement. Lorsque le Groupe de travail des situations recommandera au

Conseil d'examiner une situation en séance publique, notamment en cas de non coopération manifeste et sans équivoque, le Conseil examinera cette recommandation à titre prioritaire à sa session suivante.

105. Pour que la procédure de requête soit traitée dans une optique favorable à la victime, efficace et conduite en temps utile, le laps de temps qui s'écoulera entre la transmission de la requête à l'État intéressé et son examen par le Conseil des droits de l'homme ne devra pas dépasser, en principe, vingt-quatre mois.

E. Participation du requérant et de l'État intéressé

106. Dans le cadre de la procédure de requête, on veillera à ce que l'auteur de la communication et l'État intéressé soient informés de l'état de la procédure aux stades-clefs suivants:

a) Lorsque la communication est déclarée irrecevable par le Groupe de travail des communications, lorsque le Groupe de travail des situations en est saisi ou lorsque la communication est laissée en suspens par un des groupes de travail ou par le Conseil;

b) À l'adoption des conclusions.

107. En outre, le requérant sera informé de l'enregistrement de sa communication par le secrétariat de la procédure de requête.

108. Si un requérant demande que son identité soit tenue confidentielle, celle-ci ne sera pas divulguée à l'État intéressé.

F. Mesures

109. Conformément à la pratique établie, la décision prise au sujet d'une situation particulière sera l'une des suivantes:

a) Mettre fin à l'examen de la situation lorsque la poursuite de son examen ou l'adoption d'une autre mesure n'est pas justifiée;

b) Garder la situation à l'examen et demander à l'État intéressé de faire parvenir un complément d'information dans un délai raisonnable;

c) Garder la situation à l'examen et charger un expert indépendant et hautement qualifié de la suivre et de faire rapport au Conseil;

d) Mettre fin à l'examen de la question dans le cadre de la procédure confidentielle de requête en vue de l'examiner en public;

e) Recommander au Haut-commissariat de fournir une coopération technique, une assistance au renforcement des capacités ou des services consultatifs à l'État intéressé.

V. ORDRE DU JOUR ET CADRE DU PROGRAMME DE TRAVAIL

A. Principes

- Universalité
- Impartialité
- Objectivité
- Non sélectivité
- Dialogue constructif et coopération
- Prévisibilité
- Flexibilité
- Transparence
- Obligation de rendre des comptes
- Équilibre
- Absence d'exclusion/participation de tous
- Perspective de genre
- Application et suivi des décisions

B. Ordre du jour

Point 1. Questions d'organisation et de procédure

Point 2. Rapport annuel du Haut-commissaire des Nations Unies aux droits de l'homme et rapports du Haut-commissariat et du Secrétaire général

Point 3. Promotion et protection de tous les droits de l'homme, civils, politiques, économiques, sociaux et culturels, y compris le droit au développement

Point 4.Situations relatives aux droits de l'homme qui requièrent l'attention du Conseil

Point 5. Organismes et mécanismes de protection des droits de l'homme

Point 6. Examen périodique universel
Point 7. La situation des droits de l'homme en Palestine et dans les autres territoires arabes occupés
Point 8. Suivi et application de la Déclaration et du Programme d'action de Vienne
Point 9.Le racisme, la discrimination raciale, la xénophobie et l'intolérance qui y est associée – suivi et application de la Déclaration et du Programme d'action de Durban
Point 10.Assistance technique et renforcement des capacités

C. Cadre du programme de travail
Point 1.Questions d'organisation et de procédure
Élection du Bureau
Adoption du programme de travail annuel
Adoption du programme de travail de la session et questions diverses
Sélection et nomination des titulaires de mandat
Élection des membres du Comité consultatif du Conseil des droits de l'homme
Adoption du rapport de la session
Adoption du rapport annuel
Point 2.Rapport annuel du Haut-commissaire des Nations Unies aux droits de l'homme et rapports du Haut-commissariat et du Secrétaire général
Présentation du rapport annuel et des mises à jour
Point 3.Promotion et protection de tous les droits de l'homme, civils, politiques, économiques, sociaux et culturels, y compris le droit au développement
Droits économiques, sociaux et culturels
Droits civils et politiques
Droits des peuples et de groupes et individus particuliers
Droit au développement
Interdépendance des droits de l'homme et des questions thématiques relatives aux droits de l'homme
Point 4.Situations relatives aux droits de l'homme qui requièrent l'attention du Conseil

Point 5. Organismes et mécanismes de protection des droits de l'homme

Rapport du Comité consultatif du Conseil des droits de l'homme

Rapport de la procédure de requête

Point 6. Examen périodique universel

Point 7. La situation des droits de l'homme en Palestine et dans les autres territoires arabes occupés

Violations des droits de l'homme et incidences de l'occupation par Israël de la Palestine et d'autres territoires arabes occupés

Droit du peuple palestinien à l'autodétermination

Point 8. Suivi et application de la Déclaration et du Programme d'action de Vienne

Point 9. Le racisme, la discrimination raciale, la xénophobie et l'intolérance qui y est associée – suivi et application de la Déclaration et du Programme d'action de Durban

Point 10. Assistance technique et renforcement des capacités

VI. MÉTHODES DE TRAVAIL

110. Les méthodes de travail du Conseil, conformément à la résolution 60/251 de l'Assemblée générale, devront être transparentes, impartiales, équitables, loyales et pragmatiques, favoriser la clarté et la prévisibilité et n'exclure aucun groupe. Elles peuvent aussi être actualisées et aménagées au fil du temps.

A. Arrangements institutionnels

1. Réunions d'information sur de futures résolutions ou décisions éventuelles

111. Les réunions d'information concernant de futures résolutions ou décisions éventuelles auront un caractère purement informatif et se tiendront dans le seul but de tenir les délégations au courant des projets de résolution et de décision

soumis ou dont la présentation est prévue. Elles seront organisées par les délégations intéressées.

2. Réunions d'information du président ouvertes à tous, concernant les résolutions, décisions et autres questions connexes

112. Les réunions d'information du président ouvertes à tous sur les résolutions, décisions et autres questions connexes permettront de tenir les délégations au courant de l'état des négociations sur les projets de résolution et/ou de décision de manière à leur donner une vue d'ensemble de l'avancement de ces textes. Les consultations auront pour seul but d'informer, en complément des informations diffusées sur l'Extranet, et devront être conduites de manière transparente et sans exclusive. Elles ne devront pas être considérées comme une instance de négociation.

3. Consultations informelles sur les propositions tenues à l'initiative des principaux auteurs

113. Les négociations sur les projets de résolution et/ou de décision se dérouleront essentiellement dans le cadre de consultations informelles, lesquelles seront tenues à l'initiative de l'auteur (des auteurs) du texte. Chaque projet de résolution et/ou de décision devra faire l'objet d'au moins une consultation informelle ouverte avant que le Conseil ne l'examine pour statuer. La date des consultations devra, autant que faire se peut, être fixée en temps utile, dans la transparence et sans exclusive, en tenant compte des contraintes des délégations, en particulier des moins nombreuses d'entre elles.

4. Rôle du bureau

114. Le bureau traitera des questions de procédure et d'organisation. Il fera part régulièrement de la teneur de ses réunions dans un rapport récapitulatif présenté en temps utile.

5. Possibilité d'utiliser d'autres modes de délibération, tels que débats d'experts, séminaires et tables rondes

115. Le Conseil décidera au cas par cas de l'utilisation de ces autres modes de délibération, y compris des thèmes abordés et des modalités suivies. Ces modes de délibération pourront lui

servir d'outil pour renforcer le dialogue et la compréhension mutuelle sur certaines questions. Ils devront être utilisés dans le cadre de l'ordre du jour et du programme de travail annuel du Conseil, et en renforcer et/ou compléter la nature intergouvernementale. Ils ne devront pas pouvoir suppléer les mécanismes existants et les méthodes de travail établies dans le domaine des droits de l'homme, ni les remplacer.

6. Débat de haut niveau

116. Le débat de haut niveau aura lieu une fois par an pendant la session principale du Conseil. Il sera suivi d'un débat général qui permettra aux délégations n'ayant pas participé au débat de haut niveau de faire leurs déclarations générales.

B. Culture de travail

117. Éléments nécessaires:

a) Notification rapide des propositions;

b) Soumission rapide des projets de résolution et décision, de préférence avant la fin de l'avant-dernière semaine d'une session;

c) Distribution rapide de tous les rapports, en particulier de ceux établis au titre des procédures spéciales, à transmettre aux délégations en temps utile, dans toutes les langues officielles de l'ONU, au moins quinze jours avant leur examen par le Conseil;

d) Quiconque propose une résolution portant sur un pays particulier aura la responsabilité d'obtenir le plus large appui possible pour son initiative (de préférence 15 membres), avant qu'une décision ne soit prise;

e) Limitation du recours aux résolutions pour en éviter la prolifération, sans préjudice du droit des États de décider de la fréquence à laquelle ils souhaitent présenter leurs propositions:

i) En évitant dans toute la mesure possible le chevauchement avec les initiatives de l'Assemblée générale de la Troisième Commission;

ii) En regroupant des points de l'ordre du jour;

iii) En échelonnant la présentation des décisions et/ou résolutions et l'examen des mesures à prendre sur les points de l'ordre du jour/questions inscrites à l'ordre du jour.

C. Textes autres que les résolutions et décisions

118. Ces textes peuvent être des recommandations, des conclusions, des résumés des débats et des déclarations du Président. Étant donné que leurs incidences juridiques ne sont pas les mêmes, ils devront compléter les résolutions et décisions et non s'y substituer.

D. Sessions extraordinaires du Conseil

119. Les dispositions ci-après complètent le cadre général établi dans la résolution 60/251 de l'Assemblée générale et le règlement intérieur du Conseil des droits de l'homme.

120. Le règlement intérieur applicable aux sessions extraordinaires du Conseil des droits de l'homme sera celui qui s'applique à ses sessions ordinaires.

121. Toute demande de convocation d'une session extraordinaire, conformément à la règle fixée au paragraphe 10 de la résolution 60/251 de l'Assemblée générale, sera adressée au Président et au secrétariat du Conseil. Elle devra préciser le point qu'il est proposé d'examiner et contenir toute autre information pertinente que les auteurs pourront souhaiter fournir.

122. La session extraordinaire sera convoquée dès que possible après le dépôt de la demande officielle, mais en principe au plus tôt deux jours ouvrables et au plus tard cinq jours ouvrables après réception officielle de la demande. La durée de la session extraordinaire ne dépassera pas trois jours (six séances de travail), à moins que le Conseil n'en décide autrement.

123. Le secrétariat du Conseil communiquera immédiatement à tous les États Membres de l'ONU la demande et toutes les informations additionnelles fournies par les auteurs dans celle-ci, ainsi que la date de convocation de la session extraordinaire, et il mettra ces informations à la disposition des institutions spécialisées, des autres organisations intergouvernementales et

des institutions nationales des droits de l'homme, ainsi que des organisations non gouvernementales dotées du statut consultatif, par les moyens de communication les plus appropriés et les plus rapides. La documentation de la session extraordinaire, en particulier le texte des projets de résolution et de décision, devra être mise à la disposition de tous les États, dans toutes les langues officielles de l'ONU, en temps utile et de manière équitable et transparente.

124. Avant la session extraordinaire, le Président du Conseil devra tenir des consultations d'information ouvertes à tous sur la conduite et l'organisation de la session. À ce propos, le secrétariat pourra être appelé à fournir des informations supplémentaires, notamment sur les méthodes de travail de sessions extraordinaires antérieures.

125. Les membres du Conseil, les États intéressés, les États observateurs, les institutions spécialisées, les autres organisations intergouvernementales et les institutions nationales des droits de l'homme, de même que les organisations non gouvernementales dotées du statut consultatif pourront contribuer aux travaux de la session extraordinaire conformément au règlement intérieur du Conseil.

126. Si l'État qui a fait la demande, ou d'autres États, entendent présenter des projets de résolution ou de décision à la session extraordinaire, ils devront en mettre le texte à disposition conformément aux dispositions pertinentes du règlement intérieur du Conseil. Les auteurs sont toutefois instamment priés de présenter ces textes aussitôt que possible.

127. Les auteurs d'un projet de résolution ou de décision devront tenir des consultations ouvertes sur le texte en question en vue d'assurer une participation aussi large que possible à son examen et, si possible, de parvenir à un consensus.

128. Une session extraordinaire devra être l'occasion d'un débat participatif, être orientée vers les résultats et viser à produire des textes concrets, dont l'application pourra faire l'objet d'un suivi et d'un rapport présenté au Conseil à sa session ordinaire suivante pour décision éventuelle.

VII. RÈGLEMENT Intérieur

SESSIONS

Règlement intérieur

Article premier

Les délibérations du Conseil sont régies par les dispositions applicables du règlement intérieur de l'Assemblée générale qui régissent les délibérations des grandes commissions de l'Assemblée à moins que, par la suite, cette dernière ou le Conseil n'en décide autrement.

SESSIONS ORDINAIRES

Nombre de sessions

Article 2

Le Conseil des droits de l'homme se réunit régulièrement tout au long de l'année et tient au minimum trois sessions par cycle annuel, dont une session principale, qui durent au total au moins dix semaines.

Entrée en fonctions

Article 3

Les États membres nouvellement élus au Conseil des droits de l'homme entrent en fonctions le premier jour du cycle annuel du Conseil, en remplacement des États membres dont le mandat est venu à expiration.

Lieu de réunion du Conseil

Article 4

Le Conseil des droits de l'homme a son siège à Genève.

SESSIONS EXTRAORDINAIRES

Convocation de sessions extraordinaires

Article 5

Le règlement intérieur applicable aux sessions extraordinaires du Conseil des droits de l'homme est celui qui s'applique à ses sessions ordinaires.

Article 6

Le Conseil des droits de l'homme tient des sessions extraordinaires, en cas de besoin, sur la demande d'un membre du Conseil appuyé par un tiers des membres du Conseil.

PARTICIPATION ET CONSULTATION D'OBSERVATEURS AU CONSEIL

Article 7

a) Le Conseil des droits de l'homme applique, autant que faire se peut, les dispositions du règlement intérieur de l'Assemblée générale qui régissent les délibérations des commissions de l'Assemblée à moins que, par la suite, celle-ci ou le Conseil n'en décide autrement, et des observateurs, notamment les États qui ne sont pas membres du Conseil, les institutions spécialisées, les autres organisations intergouvernementales, les institutions nationales des droits de l'homme et les organisations non gouvernementales, peuvent participer aux travaux du Conseil et être consultés par celui-ci selon certaines modalités, notamment celles arrêtées par le Conseil économique et social dans sa résolution 1996/31 du 25 juillet 1996 et les pratiques observées par la Commission des droits de l'homme, dans des conditions propres à assurer la meilleure contribution possible de ces entités.

b) La participation des institutions nationales des droits de l'homme s'exerce selon les modalités et les pratiques convenues par la Commission des droits de l'homme, notamment la résolution 2005/74 du 20 avril 2005, dans des conditions propres à assurer la meilleure contribution possible de ces entités.

ORGANISATION DES TRAVAUX ET ORDRE DU JOUR DES SESSIONS ORDINAIRES

Séances d'organisation

Article 8

a) Au début de chacun de ses cycles annuels, le Conseil tient une séance d'organisation pour élire son bureau et examiner et adopter l'ordre du jour, le programme de travail et le calendrier des sessions ordinaires du cycle en indiquant, si possible, la date retenue comme objectif pour l'achèvement de ses travaux, les dates approximatives de l'examen des questions et le nombre de séances à consacrer à chacune d'elles.

b) Le président du Conseil convoque également des séances d'organisation deux semaines avant l'ouverture de chaque session et, si nécessaire, pendant les sessions du Conseil pour examiner les questions d'organisation et de procédure intéressant la session.

PRÉSIDENT ET VICE-PRÉSIDENTS

Élections

Article 9

a) Au début de chacun de ses cycles annuels, à sa séance d'organisation, le Conseil élit un président et quatre vice-présidents parmi les représentants de ses membres. Le président et les vice-présidents constituent le bureau. L'un des vice-présidents fait office de rapporteur.

b) Pour l'élection du président du Conseil, il est tenu compte de la rotation géographique équitable de cette fonction entre les différents groupes régionaux: États d'Afrique, États d'Asie, États d'Europe orientale, États d'Amérique latine et des Caraïbes et États d'Europe occidentale et autres États. Les quatre vice-présidents du Conseil sont élus sur la base d'une répartition géographique équitable entre les groupes régionaux autres que celui auquel appartient le président. Le choix du rapporteur s'effectue par rotation géographique.

Bureau

Article 10

Le Bureau traite des questions de procédure et d'organisation.

Durée du mandat

Article 11

Le président et les vice-présidents, sous réserve de l'article 13, restent en fonctions pour une période d'une année. Ils ne sont pas rééligibles immédiatement pour la même fonction.

Absence de membres du Bureau

Article 12 [105]

Si le président estime nécessaire de s'absenter pendant une séance ou une partie de séance, il désigne un des vice-présidents pour le remplacer. Un vice-président agissant en qualité de président a les mêmes pouvoirs et les mêmes devoirs que le président. Si, en application des dispositions de l'article 13, le président cesse d'exercer ses fonctions, les autres membres du Bureau désignent un des vice-présidents pour le remplacer jusqu'à ce qu'un nouveau président ait été élu.

Remplacement du président ou d'un vice-président

Article 13

Si le président ou l'un des vice-présidents se trouve dans l'impossibilité de s'acquitter de ses fonctions ou cesse d'être le représentant d'un membre du Conseil, ou si l'État Membre de l'Organisation des Nations Unies dont il est le représentant cesse d'être membre du Conseil, il cesse d'exercer ses fonctions et un nouveau président ou un nouveau vice-président est élu pour la durée du mandat qui reste à courir.

SECRÉTARIAT

Fonctions du secrétariat

Article 14 [47]

Le Haut-commissariat aux droits de l'homme fait office de secrétariat du Conseil. À cet effet, il reçoit, traduit, imprime et distribue les documents, rapports et résolutions du Conseil, de ses commissions et de ses organes dans toutes les langues officielles de l'ONU, assure l'interprétation des discours prononcés au cours des séances, rédige, imprime et distribue les comptes rendus de la session, garde et conserve sous la forme qui convient les documents dans les archives du Conseil, distribue tous les documents du Conseil aux membres du Conseil et aux observateurs, et, de manière générale, exécute toute autre tâche que le Conseil peut lui confier.

COMPTES RENDUS ET RAPPORT

Rapport à l'Assemblée générale

Article 15

Le Conseil présente un rapport annuel à l'Assemblée générale.

SÉANCES PUBLIQUES ET PRIVÉES DU CONSEIL DES DROITS DE L'HOMME

Principes généraux

Article 16 [60]

Les séances du Conseil sont publiques, à moins que le Conseil ne décide que des circonstances exceptionnelles imposent que la séance soit privée.

Séances privées

Article 17 [61]

Toutes les décisions que le Conseil prend en séance privée sont annoncées sans délai en séance publique.

CONDUITE DES TRAVAUX

Groupes de travail et autres arrangements

Article 18

Le Conseil peut mettre en place des groupes de travail et d'autres arrangements. La participation à ces organes est déterminée par les membres, selon les dispositions de l'article 7. Le règlement intérieur de ces organes est celui du Conseil, si applicable, sauf si le Conseil en décide autrement.

Quorum

Article 19 [67]

Le président peut déclarer la séance ouverte et permettre que le débat commence lorsqu'un tiers au moins des membres du Conseil sont présents. La présence de la majorité des membres est requise pour la prise de toute décision.

Majorité requise

Article 20 [125]

Les décisions du Conseil sont prises à la majorité des membres présents et votants, sous réserve de l'article 19.

Appendice I

MANDATS RECONDUITS JUSQU'À CE QUE LE CONSEIL DES DROITS DE L'HOMME LES EXAMINE DANS LE CADRE DE SON PROGRAMME DE TRAVAIL ANNUEL

Expert indépendant chargé par le Secrétaire général d'examiner la situation des droits de l'homme en Haïti

Expert indépendant chargé par le Secrétaire général d'examiner la situation des droits de l'homme en Somalie

Expert indépendant chargé d'examiner la situation des droits de l'homme au Burundi

Expert indépendant chargé de la coopération technique et des services consultatifs au Libéria

Expert indépendant chargé d'examiner la situation des droits de l'homme en République démocratique du Congo

Expert indépendant sur les droits de l'homme et la solidarité internationale

Expert indépendant sur les questions relatives aux minorités

Expert indépendant sur les effets des politiques d'ajustement structurel et de la dette extérieure sur la jouissance effective de tous les droits de l'homme, en particulier des droits économiques, sociaux et culturels

Expert indépendant sur la question des droits de l'homme et de l'extrême pauvreté

Rapporteur spécial sur la situation des droits de l'homme au Soudan

Rapporteur spécial sur la situation des droits de l'homme au Myanmar

Rapporteur spécial sur la situation des droits de l'homme en République populaire démocratique de Corée

Rapporteur spécial sur la situation des droits de l'homme dans les territoires palestiniens occupés depuis 1967 (ce mandat court jusqu'à la fin de l'occupation)

Rapporteur spécial sur le logement convenable en tant qu'élément du droit à un niveau de vie suffisant
Rapporteur spécial sur les formes contemporaines de racisme, de discrimination raciale, de xénophobie et de l'intolérance qui y est associée
Rapporteur spécial sur les exécutions extrajudiciaires, sommaires ou arbitraires
Rapporteur spécial sur la liberté de religion ou de conviction
Rapporteur spécial sur les conséquences néfastes des mouvements et déversements illicites de produits et déchets toxiques et nocifs pour la jouissance des droits de l'homme
Rapporteur spécial sur les droits fondamentaux des victimes de la traite des êtres humains, en particulier les femmes et les enfants
Rapporteur spécial sur les droits de l'homme des migrants
Rapporteur spécial sur l'indépendance des juges et des avocats
Rapporteur spécial sur la promotion et la protection des droits de l'homme et des libertés fondamentales dans la lutte antiterroriste
Rapporteur spécial sur la promotion et la protection du droit à la liberté d'opinion et d'expression
Rapporteur spécial sur le droit qu'a toute personne de jouir du meilleur état de santé physique et mentale possible
Rapporteur spécial sur le droit à l'éducation
Rapporteur spécial sur le droit à l'alimentation
Rapporteur spécial sur la vente d'enfants, la prostitution des enfants et la pornographie impliquant des enfants
Rapporteur spécial sur la situation des droits de l'homme et des libertés fondamentales des populations autochtones
Rapporteur spécial sur la torture et autres peines ou traitements cruels, inhumains ou dégradants
Rapporteur spécial sur la violence contre les femmes, ses causes et ses conséquences
Représentant spécial du Secrétaire général, chargé de la question des droits de l'homme et des sociétés transnationales et autres entreprises
Représentant spécial du Secrétaire général pour les droits de l'homme au Cambodge

Représentant spécial du Secrétaire général concernant la situation des défenseurs des droits de l'homme
Représentant du Secrétaire général pour les droits de l'homme des personnes déplacées dans leur propre pays
Groupe de travail d'experts sur les personnes d'ascendance africaine
Groupe de travail sur la détention arbitraire
Groupe de travail sur les disparitions forcées ou involontaires
Groupe de travail sur l'utilisation de mercenaires comme moyen de violer les droits de l'homme et d'empêcher l'exercice du droit des peuples à disposer d'eux-mêmes

Appendice II
TITULAIRES ACTUELS ET DATES D'EXPIRATION DES MANDATS

Titulaire actuel du mandat	Intitulé du mandat	Date d'expiration du mandat
Charlotte Abaka	Expert indépendant chargé d'examiner la situation des droits de l'homme au Libéria	Juillet 2006 (premier mandat)
Yakin Ertürk	Rapporteur spécial sur la violence contre les femmes, ses causes et ses conséquences	Juillet 2006 (premier mandat)
Manuela Carmena Castrillo	Groupe de travail sur la détention arbitraire	Juillet 2006 (premier mandat)
Joel Adebayo Adekanye	Groupe de travail sur les disparitions forcées ou involontaires	Juillet 2006 (deuxième mandat)
Saeed Rajaee Khorasani	Groupe de travail sur les disparitions forcées ou involontaires	Juillet 2006 (premier mandat)
Joe Frans	Groupe de travail sur les personnes d'ascendance africaine	Juillet 2006 (premier mandat)
Leandro Despouy	Rapporteur spécial sur l'indépendance des juges et des avocats	Août 2006 (premier mandat)
Hina Jilani	Représentant spécial du Secrétaire général concernant la situation des défenseurs des	Août 2006 (deuxième mandat)

Titulaire actuel du mandat	Intitulé du mandat	Date d'expiration du mandat
	droits de l'homme	
Soledad Villagra de Biedermann	Groupe de travail sur la détention arbitraire	Août 2006 (deuxième mandat)
Miloon Kothari	Rapporteur spécial sur le logement convenable en tant qu'élément du droit à un niveau de vie suffisant	Septembre 2006 (deuxième mandat)
Jean Ziegler	Rapporteur spécial sur le droit à l'alimentation	Septembre 2006 (deuxième mandat)
Paulo Sérgio Pinheiro	Rapporteur spécial sur la situation des droits de l'homme au Myanmar	Décembre 2006 (deuxième mandat)
Darko Göttlicher	Groupe de travail sur les disparitions forcées ou involontaires	Janvier 2007 (premier mandat)
Tamás Bán	Groupe de travail sur la détention arbitraire	Avril 2007 (deuxième mandat)
Ghanim Alnajjar	Expert indépendant chargé par le Secrétaire général d'examiner la situation des droits de l'homme en Somalie	Mai 2007 (deuxième mandat)
John Dugard	Rapporteur spécial sur la situation des droits de l'homme dans les territoires palestiniens occupés depuis 1967	Juin 2007 (deuxième mandat)
Rodolfo Stavenhagen	Rapporteur spécial sur la situation des droits de l'homme et des libertés fondamentales des populations autochtones	Juin 2007 (deuxième mandat)
Arjun Sengupta	Expert indépendant sur la question des droits de l'homme et de l'extrême pauvreté	Juillet 2007 (premier mandat)
Akich Okola	Expert indépendant chargé d'examiner la situation des droits de l'homme au Burundi	Juillet 2007 (premier mandat)
Titinga Frédéric Pacéré	Expert indépendant chargé d'examiner la situation des droits de l'homme en République démocratique du Congo	Juillet 2007 (premier mandat)
Philip Alston	Rapporteur spécial sur les exécutions extrajudiciaires,	Juillet 2007 (premier mandat)

Titulaire actuel du mandat	Intitulé du mandat	Date d'expiration du mandat
	sommaires ou arbitraires	
Asma Jahangir	Rapporteur spécial sur la liberté de religion ou de conviction	Juillet 2007 (premier mandat)
Okechukwu Ibeanu	Rapporteur spécial sur les conséquences néfastes des mouvements et déversements illicites de produits et déchets toxiques et nocifs pour la jouissance des droits de l'homme	Juillet 2007 (premier mandat)
Vernor Muñoz Villalobos	Rapporteur spécial sur le droit à l'éducation	Juillet 2007 (premier mandat)
Juan Miguel Petit	Rapporteur spécial sur la vente d'enfants, la prostitution des enfants et la pornographie impliquant des enfants	Juillet 2007 (deuxième mandat)
Vitit Muntarbhorn	Rapporteur spécial sur la situation des droits de l'homme en République populaire démocratique de Corée	Juillet 2007 (premier mandat)
Leila Zerrougui	Groupe de travail sur la détention arbitraire	Août 2007 (deuxième mandat)
Santiago Corcuera Cabezut	Groupe de travail sur les disparitions forcées ou involontaires	Août 2007 (premier mandat)
Walter Kälin	Représentant du Secrétaire général pour les droits de l'homme des personnes déplacées dans leur propre pays	Septembre 2007 (premier mandat)
Sigma Huda	Rapporteur spécial sur les droits fondamentaux des victimes de la traite des êtres humains, en particulier les femmes et les enfants	Octobre 2007 (premier mandat)
Bernards Andrew Nyamwaya Mudho	Expert indépendant sur les effets des politiques d'ajustement structurel et de la dette extérieure sur la jouissance effective de tous les droits de l'homme, en particulier des droits économiques, sociaux et culturels	Novembre 2007 (deuxième mandat)

Titulaire actuel du mandat	Intitulé du mandat	Date d'expiration du mandat
Manfred Nowak	Rapporteur spécial sur la torture et autres peines ou traitements cruels, inhumains ou dégradants	Novembre 2007 (premier mandat)
Louis Joinet	Expert indépendant chargé par le Secrétaire général d'examiner la situation des droits de l'homme en Haïti	Février 2008 (deuxième mandat)
Rudi Muhammad Rizki	Expert indépendant sur les droits de l'homme et la solidarité internationale	Juillet 2008 (premier mandat)
Gay McDougall	Expert indépendant sur les questions relatives aux minorités	Juillet 2008 (premier mandat)
Doudou Diène	Rapporteur spécial sur les formes contemporaines de racisme, de discrimination raciale, de xénophobie et de l'intolérance qui y est associée	Juillet 2008 (deuxième mandat)
Jorge A. Bustamante	Rapporteur spécial sur les droits de l'homme des migrants	Juillet 2008 (premier mandat)
Martin Scheinin	Rapporteur spécial sur la promotion et la protection des droits de l'homme et des libertés fondamentales dans la lutte antiterroriste	Juillet 2008 (premier mandat)
Sima Samar	Rapporteur spécial sur la situation des droits de l'homme au Soudan	Juillet 2008 (premier mandat)
John Ruggie	Représentant spécial du Secrétaire général, chargé de la question des droits de l'homme et des sociétés transnationales et autres entreprises	Juillet 2008 (premier mandat)
Seyyed Mohammad Hashemi	Groupe de travail sur la détention arbitraire	Juillet 2008 (deuxième mandat)
Najat Al-Hajjaji	Groupe de travail sur l'utilisation de mercenaires comme moyen de violer les droits de l'homme et d'empêcher l'exercice du droit des peuples à disposer d'eux-	Juillet 2008 (premier mandat)

Titulaire actuel du mandat	Intitulé du mandat	Date d'expiration du mandat
	mêmes	
Amada Benavides de Pérez	Groupe de travail sur l'utilisation de mercenaires comme moyen de violer les droits de l'homme et d'empêcher l'exercice du droit des peuples à disposer d'eux-mêmes	Juillet 2008 (premier mandat)
Alexander Ivanovich Nikitin	Groupe de travail sur l'utilisation de mercenaires comme moyen de violer les droits de l'homme et d'empêcher l'exercice du droit des peuples à disposer d'eux-mêmes	Juillet 2008 (premier mandat)
Shaista Shameem	Groupe de travail sur l'utilisation de mercenaires comme moyen de violer les droits de l'homme et d'empêcher l'exercice du droit des peuples à disposer d'eux-mêmes	Juillet 2007 (premier mandat)
Ambeyi Ligabo	Rapporteur spécial sur la promotion et la protection du droit à la liberté d'opinion et d'expression	Août 2008 (deuxième mandat)
Paul Hunt	Rapporteur spécial sur le droit qu'a toute personne de jouir du meilleur état de santé physique et mentale possible	Août 2008 (deuxième mandat)
Peter Lesa Kasanda	Groupe de travail d'experts sur les personnes d'ascendance africaine	Août 2008 (deuxième mandat)
Stephen J. Toope	Groupe de travail sur les disparitions forcées ou involontaires	Septembre 2008 (deuxième mandat)
George N. Jabbour	Groupe de travail d'experts sur les personnes d'ascendance africaine	Septembre 2008 (deuxième mandat)
Irina Zlatescu	Groupe de travail d'experts sur les personnes d'ascendance africaine	Octobre 2008 (deuxième mandat)
José Gómez del Prado	Groupe de travail sur l'utilisation de mercenaires comme moyen de	Octobre 2008 (premier mandat)

Titulaire actuel du mandat	Intitulé du mandat	Date d'expiration du mandat
	violer les droits de l'homme et d'empêcher l'exercice du droit des peuples à disposer d'eux-mêmes	
Yash Ghai	Représentant spécial du Secrétaire général pour les droits de l'homme au Cambodge	Novembre 2008 (premier mandat)

Tableau récapitulatif des recommandations faites au Burkina Faso lors de son passage à l'EPU en décembre 2008 et réponses préliminaires du pays[64]:

N°	Recommandations (et leurs auteurs)	Réponses et, ou commentaires du Gouvernement à l'adoption du rapport
1.	Adhérer à la Convention de l'UNESCO (1960) concernant la lutte contre la discrimination dans le domaine de l'enseignement (Algérie)	**Acceptée**
2.	Continuer de mettre en œuvre la Convention des Nations Unies contre la corruption afin de prévenir et de réprimer la corruption (France)	**Acceptée**
3.	Veiller à ce que la Convention contre la torture soit effectivement appliquée (Luxembourg), ratifier le Protocole facultatif s'y rapportant (Pays-Bas, Mexique, Bénin, Danemark, Luxembourg) et établir un mécanisme national de prévention (Bénin, Danemark)	**Acceptée**
4.	Veiller à ce que le mandat de la Commission nationale des droits humains soit conforme aux Principes de Paris, afin qu'elle soit pleinement opérationnelle, comme l'a recommandé le Comité des droits de l'enfant (Luxembourg); examiner la structure et les fonctions de la Commission nationale des droits humains (Pays-Bas); assurer son indépendance, en particulier dans la définition de ses compétences et l'adoption de son financement (Belgique), conformément aux Principes de Paris (Pays-Bas, Belgique)	**Acceptée**
5.	Soumettre régulièrement des rapports aux organes conventionnels (Gabon), prendre des mesures supplémentaires pour présenter les rapports périodiques aux organes conventionnels et mettre en œuvre les recommandations en temps opportun (Royaume-Uni);	**Acceptée**

[64] Source : plan d'action national burkinabé de mise en œuvre des recommandations issues de l'EPU.

N°	Recommandations (et leurs auteurs)	Réponses et, ou commentaires du Gouvernement à l'adoption du rapport
6.	Intensifier le dialogue avec la communauté internationale sur la question des mauvais traitements en soumettant au Comité contre la torture les rapports requis (Canada)	**Acceptée**
7.	Prendre toutes les mesures possibles pour mettre fin à la discrimination contre les personnes handicapées (France)	**Acceptée**
8.	Poursuivre ses efforts pour que le vocabulaire relatif aux droits humains reflète véritablement l'égalité des sexes (Canada); accroître les efforts visant à renforcer le respect des droits des femmes et à promouvoir l'égalité entre les sexes (Suède); redoubler d'efforts pour éliminer la discrimination à l'égard des femmes et appliquer pleinement la Convention sur l'élimination de toutes les formes de discrimination à l'égard des femmes (Mexique); veiller à ce que les femmes rurales aient pleinement accès à l'éducation, aux soins de santé et au crédit, ainsi qu'à la terre et au logement, conformément à la recommandation du Comité pour l'élimination de la discrimination à l'égard des femmes (Luxembourg); et renforcer les mesures de sensibilisation dans les zones rurales, où certaines traditions culturelles empêchent les femmes de jouir de leurs droits (Royaume-Uni)	**Acceptée**
9.	Envisager d'instaurer un moratoire de droit sur la peine de mort en vue d'abolir ce châtiment dans la législation nationale (Italie); adopter une législation visant à finalement abolir la peine de mort (France); et envisager de prendre des mesures pour abolir la peine de mort en toutes circonstances (Royaume-Uni)	**Acceptée**
10.	Prendre toutes les mesures nécessaires pour améliorer la condition des détenus (Danemark), améliorer les centres de détention et les conditions de détention en général,	**Acceptée**

N°	Recommandations (et leurs auteurs)	Réponses et, ou commentaires du Gouvernement à l'adoption du rapport
	notamment en dispensant aux forces de l'ordre une formation dans le domaine des droits de l'homme (Italie)	
11.	Échanger avec d'autres pays des renseignements sur les meilleures pratiques en ce qui concerne les mutilations génitales féminines (Pays-Bas); poursuivre les efforts pour continuer à faire des progrès exemplaires vers l'abolition effective des mutilations sexuelles (Luxembourg) et poursuivre les efforts visant à éradiquer complètement ces pratiques (Pays-Bas, Albanie, Brésil, Australie)	**Acceptée**
12.	Poursuivre son initiative pour combattre la pratique de l'excision et y mettre fin (Algérie)	**Acceptée**
13.	Intensifier les efforts visant à lutter contre la traite des filles et des femmes aux fins d'exploitation sexuelle (Malaisie) en mettant en œuvre une stratégie nationale de lutte contre ce problème (Malaisie, Australie); intensifier les efforts visant à mettre en œuvre le plan d'action national de lutte contre la traite, notamment en traduisant en justice et en faisant systématiquement condamner les personnes responsables (Canada)	**Acceptée**
14.	Élaborer une campagne publique de lutte contre la traite et prendre des mesures pour protéger les victimes et leur apporter l'aide juridique et l'assistance psychosociale dont elles ont besoin en vue de leur réinsertion dans la société, et préciser à la communauté internationale ses besoins en matière d'assistance technique et de renforcement des capacités (Slovénie)	**Acceptée**
15.	Appliquer effectivement les instruments internationaux ratifiés qui mettent l'accent sur la protection de l'enfant et les droits des enfants (Italie); faire davantage d'efforts pour veiller à	**Acceptée**

N°	Recommandations (et leurs auteurs)	Réponses et, ou commentaires du Gouvernement à l'adoption du rapport
	ce que les services sociaux fournis aux enfants restent une priorité (Djibouti); prendre des mesures appropriées pour protéger les enfants les plus vulnérables, notamment les filles, les enfants handicapés et les enfants des zones rurales, et assurer une protection efficace des enfants contre les violences sexuelles, toutes les formes de violence et l'exploitation, la traite et le travail des enfants (Luxembourg)	
16.	Envisager de renforcer les stratégies nationales pour lutter contre le travail des enfants et promouvoir le travail décent (Brésil); et élaborer et mettre en œuvre des politiques de prévention et de protection et des mesures en faveur des victimes du travail des enfants (Slovénie)	**Acceptée**
17.	Prendre toutes les mesures nécessaires pour que le travail des enfants n'empiète pas sur leur droit à l'éducation (Royaume-Uni)	**Acceptée**
18.	Continuer à renforcer les politiques éducatives (Angola), faire encore plus d'efforts pour donner effet au droit à l'éducation (Côte d'Ivoire) et, avec l'aide de la communauté internationale, renforcer ses capacités humaines et institutionnelles dans les domaines de l'éducation et de la santé (Ghana)	**Acceptée**
19.	Poursuivre ses efforts pour assurer la scolarisation des filles et la re-scolarisation des enfants qui ont abandonné l'école ou ne l'ont jamais fréquentée, avec l'appui de l'ONU (Burundi), et continuer à progresser dans sa campagne visant à assurer une éducation de base pour tous, y compris par l'intermédiaire de l'enseignement extrascolaire, grâce à l'appui de la communauté internationale et en coopération avec elle (Bangladesh)	**Acceptée**
20.	Intensifier les efforts visant à renforcer le système de protection des droits de l'homme et	**Acceptée**

N°	Recommandations (et leurs auteurs)	Réponses et, ou commentaires du Gouvernement à l'adoption du rapport
	la lutte contre l'impunité (Suède), renforcer encore les mesures visant à améliorer l'accès du public au système de justice (Pays-Bas) et garantir l'indépendance du système judiciaire (Suède, Pays-Bas) notamment en lui allouant des moyens suffisants, et rendre compte des résultats de ces mesures dans le prochain rapport qu'il établira en vue de l'Examen (Pays-Bas)	
21.	Poursuivre ses efforts pour protéger et promouvoir les droits de l'homme conformément aux engagements qu'il a pris et aux besoins de la société en matière de développement (République arabe syrienne)	**Acceptée**
22.	Promouvoir et protéger efficacement les droits de l'homme et solliciter le soutien du Conseil dans les domaines mis en lumière à la section VII de son rapport national (Afrique du Sud), consolider la coopération avec le HCDH afin de renforcer ses capacités nationales dans le domaine des droits de l'homme, comme il est indiqué au paragraphe 108 du rapport national (Albanie), renforcer sa capacité à promouvoir les droits de l'homme dans les domaines cités au paragraphe 108 du rapport national, avec l'assistance technique appropriée du Haut-commissariat (Maurice), accroître ses efforts pour tenir les engagements exposés dans son rapport national, en particulier en ce qui concerne la campagne de lutte contre la pauvreté et l'ignorance, et renforcer les droits légitimes de certains groupes sociaux dans le pays (Viet Nam); Paragraphe 108 du rapport national: a) Formation de formateurs aux techniques de rédaction des rapports à soumettre aux organes des traités ; b) Appui à l'harmonisation de la législation nationale avec les dispositions des	**Acceptée**

N°	Recommandations (et leurs auteurs)	Réponses et, ou commentaires du Gouvernement à l'adoption du rapport
	instruments internationaux ; c) Organisation de séminaires de formation des forces de sécurité en matière des droits de l'Homme et du droit humanitaire ; d) Appui pour une formation des enseignants pour élaborer des modules de formation dans le domaine des droits de l'Homme et du droit humanitaire ; e) Renforcement des capacités de la Commission nationale des droits humains ; f) Renforcement des capacités de la Commission de l'Informatique et des libertés ; g) Élaboration et diffusion de documents de vulgarisation dans les principales langues nationales ; h) Organisation de séminaires / ateliers destinés aux magistrats, aux fonctionnaires chargés de l'application des lois et aux parlementaires ; i) Appui à la mise en œuvre des programmes d'enseignement des droits de l'Homme, de la culture de tolérance et de la paix ; j) Appui à la consolidation de l'état civil ; k) Appui à la formation des élus locaux aux droits de l'Homme ; l) Renforcement des capacités opérationnelles du Ministère chargé de la promotion des droits humains ; m) Appui à la mise en œuvre du Cadre stratégique de lutte contre le SIDA. -	
23.	Poursuivre ses efforts dans le domaine des droits économiques, sociaux et culturels afin de consolider les progrès déjà accomplis (Cuba), améliorer la situation socioéconomique avec le soutien de la communauté internationale (Mali); avec le soutien et la coopération de la communauté internationale, continuer à lutter contre la pauvreté, en veillant à ce que tous les citoyens de toutes les régions bénéficient des améliorations obtenues; continuer à améliorer le système de soins de santé et à lutter contre	**Acceptée**

N°	Recommandations (et leurs auteurs)	Réponses et, ou commentaires du Gouvernement à l'adoption du rapport
	les maladies mortelles telles que le VIH/sida (Bangladesh); lutter contre la pauvreté et garantir le droit à l'éducation pour tous, avec l'appui de la communauté internationale (Maurice)	
24.	S'acquitter, avec l'aide de la communauté internationale, de ses obligations internationales dans le domaine des droits de l'homme (Chili); renforcer sa capacité à promouvoir et à protéger les droits de l'homme, avec le soutien de la communauté internationale, par l'intermédiaire du renforcement des capacités et de l'assistance technique dans le domaine des droits de l'homme, comme demandé par le Burkina Faso (Malaisie)	**Acceptée**
25.	Poursuivre ses efforts en vue de promouvoir et de protéger les droits de l'homme avec toute l'assistance technique que peuvent apporter la communauté internationale et le HCDH (Pakistan); réaliser ses ambitions en matière de promotion et de protection des droits de l'homme, avec l'appui technique de la communauté internationale (Gabon); poursuivre les efforts qu'il fait pour améliorer la situation des droits de l'homme dans le pays et, avec le soutien de la communauté internationale, relever les grands défis auxquels il doit faire face (Tchad); régler des problèmes, notamment la pauvreté et l'analphabétisme, avec l'assistance technique et financière de la communauté internationale (Chine); surmonter, avec l'assistance technique et financière de la communauté internationale, les contraintes et les difficultés, en particulier dans les domaines de l'éducation, de la santé et de l'emploi (Algérie)	**Acceptée**
26.	Poursuivre ses efforts positifs dans le domaine	**Acceptée**

N°	Recommandations (et leurs auteurs)	Réponses et, ou commentaires du Gouvernement à l'adoption du rapport
	de la promotion et de la protection des droits de l'homme, notamment avec le soutien des pays développés, par l'intermédiaire de leur engagement à consacrer 0,7 % du PIB à l'APD (Cuba)	
27.	Avec l'aide de la communauté internationale, développer les activités visant à intégrer l'éducation dans le domaine des droits de l'homme dans les programmes scolaires officiels et renforcer la capacité des autorités nationales à promouvoir l'exercice des droits de l'homme (Ghana)	**Acceptée**
28.	Adopter une législation spécifique visant à prévenir et à réprimer la violence contre les femmes; (France)	**Refusée** Le Burkina Faso estime également que cette recommandation n'est pas fondée car un cadre législatif réprimant la violence contre les femmes a déjà été mis en place et appliqué.
29.	Qu'il soit mis fin à la pratique de la polygamie	**Refusée**
30.	Prendre toutes les mesures nécessaires pour protéger les journalistes qui ont fait l'objet de manœuvres d'intimidation, d'identifier les auteurs de ces actes et de les traduire en justice; (Chili)	**Refusée** Le Burkina Faso estime que cette recommandation n'est pas fondée étant donné que les préoccupations qu'elle exprime ont été largement traitées dans son rapport national et ses interventions.
31.	Abolir la peine de mort (Chili)	**Refusée**
32.	38. d) Ratifier le deuxième Protocole facultatif se rapportant au Pacte international relatif aux droits civils et politiques; (Chile)	**Refusée**

N°	Recommandations (et leurs auteurs)	Réponses et, ou commentaires du Gouvernement à l'adoption du rapport
33.	44. b) Adresser une invitation ouverte et permanente à toutes les procédures spéciales du Conseil; (Mexique)	**Refusée**
34.	44. d) Abolir la peine capitale; (Mexique)	**Refusée**
35.	49. c) Adhérer au deuxième Protocole facultatif se rapportant au Pacte international relatif aux droits civils et politiques; (Albanie)	**Refusée**
36.	58. a) Ne rien négliger pour que l'appareil judiciaire puisse fonctionner de façon indépendante et pour mettre fin à toutes les influences politiques sur le système juridique; (Belgique)	**Refusée** Le Burkina Faso estime que le problème a été suffisamment traité dans le rapport national, les déclarations et les réponses données au cours du dialogue
37.	58. b) Traduire ses intentions (en matière de lutte contre la corruption) en résultats et en mesures concrets; (Belgique)	**Refusée** En ce qui concerne la recommandation formulée au paragraphe 58 b), il convient de souligner que l'Autorité supérieure de contrôle d'État, qui a été créée récemment, témoigne de la volonté de l'État de lutter contre la corruption. Le Burkina Faso invite la Belgique à l'aider dans cette lutte et à évaluer ensuite les résultats obtenus.
38.	68. a) Envisager d'adopter des lois sur la violence contre les femmes, y compris la violence familiale, conformément aux recommandations faites par le Comité pour l'élimination de la discrimination à l'égard des femmes ; (Malaisie)	**Refusée** Le Burkina Faso estime également que cette recommandation n'est pas fondée car un cadre législatif réprimant la

N°	Recommandations (et leurs auteurs)	Réponses et, ou commentaires du Gouvernement à l'adoption du rapport
		violence contre les femmes a déjà été mis en place et appliqué.
39.	72. b) Envisager d'adresser une invitation permanente aux procédures spéciales du Conseil; (Brésil)	**Refusée**
40.	72. c)Abolir la peine de mort, conformément à la résolution 62/149 de l'Assemblée générale; (Brésil)	**Refusée**
41.	74. a) Assouplir les restrictions en vigueur pour permettre à la population d'exercer pleinement et sans entrave son droit à la liberté d'expression et à la liberté de réunion; (Slovénie)	**Refusée** Le Burkina Faso estime que cette recommandation n'est pas fondée étant donné que les préoccupations qu'elle exprime ont été largement traitées dans son rapport national et ses interventions. -
42.	78. c) Ratifier le deuxième Protocole facultatif se rapportant au Pacte international relatif aux droits civils et politiques, visant à abolir la peine de mort; (Gabon)	**Refusée**
43.	80. Envisager d'adresser une invitation permanente à toutes les procédures spéciales du Conseil; (Lettonie)	**Refusée**
44.	82. b) Inviter le Rapporteur spécial sur la torture à effectuer une visite officielle dans le pays; (Canada)	**Refusée**
45.	87. a) Prendre les mesures nécessaires pour que la peine de mort soit abolie en droit; (Australie)	**Refusée**
46.	Abolir la peine de mort en adoptant une loi portant commutation de toutes les condamnations à mort qui ont été prononcées (Albanie)	**Position en attente**

BIBLIOGRAPHIE

-Cahier Critique n°1 : Série Conseil des droits de l'homme, collection du Programme des Droits Humains ; février 2008.

-Déclaration de Madame Salamata SAWADOGO, Ministre de la Promotion des Droits Humains du 9 décembre 2008 devant le Groupe de Travail de l'EPU.

-Rapport National du Burkina Faso pour l'Examen Périodique Universel.

-Rapport National du Burkina Faso adopté par le Conseil.

-Règlement intérieur de l'Assemblée générale.

-Résolution 60/251 de l'Assemblée Générale des Nations Unies créant le Conseil.

-Résolution 5/1 sur le fonctionnement du Conseil.

-Site du Haut-commissariat des Nations Unies aux Droits de l'Homme ; rubrique Conseil des droits de l'homme, Examen Périodique Universel, Organes de traités.

-UN Spécial n°693-mars 2010, pages 12-14 : Entretien avec Jean ZIEGLER.

TABLE DES MATIÈRES

Le Burkina-Faso aux éditions L'Harmattan

Dernières parutions

MUSIQUE MODERNE ET LANGUES NATIONALES AU BURKINA FASO
Daboué Jacob
Un nouveau phénomène est en passe de devenir la règle dans l'univers culturel du Burkina Faso : l'utilisation des langues nationales dans la musique moderne. Le phénomène s'ancre essentiellement dans l'émancipation artistique et la recherche identitaire. Il gagnerait à être mieux encadré et canalisé par les pouvoirs publics pour la constitution d'un patrimoine culturel national à même de s'imposer à la mondialisation.
(Coll. Politique et dynamiques religieuses en Afrique, 17.00 euros, 184 p.)
ISBN : 978-2-336-00220-0, ISBN EBOOK : 978-2-296-50891-0

FESPACO (LE), UNE AFFAIRE D'ETAT(S)
Festival Panafricain de Cinéma et de Télévision de Ouagadougou (1969-2009)
Dupré Colin - Préface de Clément Tapsoba - Postface de Catherine Ruelle
En février 1969, à l'initiative d'un groupe de cinéastes et de passionnés, naît à Ouagadougou au Burkina Faso, le premier festival de cinéma africain au sud du Sahara, devenu aujourd'hui le rendez-vous incontournable pour les cinéastes du continent, pour lesquels il constitue un tremplin. Le Fespaco revêt une dimension politique évidente et, au fil des années, il est devenu une véritable vitrine culturelle et politique pour le Burkina.
(33.00 euros, 406 p.)
ISBN : 978-2-336-00163-0, ISBN EBOOK : 978-2-296-50844-6

BURKINA FASO LES OPPORTUNITÉS D'UN NOUVEAU CONTRAT SOCIAL – Facteurs et réalités de la crise
Sous la direction d'Alain Edouard Traoré ; Préface de Beyon Luc Adolphe Tiao
En mars 2011, suite à la mort d'un élève à Koudougou, une grave crise secoue le Burkina-Faso entraînant une spirale d'événements conflictuels et violents. Cet ouvrage est une analyse, sans oeillères, de l'ampleur et l'étendue de cette crise, une évaluation de ses causes profondes et de son déroulement factuel, et cela dans le but d'en tirer les leçons pour l'avenir du système démocratique burkinabè.
(Coll. Harmattan Sénégal, 13.00 euros, 130 p.)
ISBN : 978-2-296-54907-4, ISBN EBOOK : 978-2-296-50366-3

BURKINA FASO (LE) CONTEMPORAIN
Racines du présent et enjeux nouveaux – Cahiers N° 26
Sous la direction d'Issiaka Mandé
Ce livre propose un regard critique sur la trajectoire de l'État et de la société burkinabè. Il explore les différentes facettes de l'histoire politique, de

l'économie coloniale, des politiques culturelles et tente de cerner la richesse du patrimoine matériel et immatériel du pays.
(Coédition Laboratoire Sedet - Université Paris Diderot, Coll. Groupe Afrique-Océan indien, 27.00 euros, 360 p.)
ISBN : 978-2-296-13672-4

HOMME-DIEU (L') ET LA CULTURE AFRICAINE
Réflexion théologique à partir d'éléments anthropologiques des Lyele du Burkina Faso
Bassonon André-Jules
Comment *recevoir*, dans le contexte du milieu traditionnel africain subsaharien, la foi au Christ «vrai Dieu» et «vrai homme» à partir de nos traditions culturelles et religieuses d'aujourd'hui ? Ce livre de théologie, intégrant le domaine de l'inculturation, tente de répondre à cette question qui se présente comme un défi lancé à l'Eglise en Afrique.
(Coll. Afrique théologique & spirituelle, 18.00 euros, 170 p.)
ISBN : 978-2-296-96623-9

FEMMES DU BURKINA
Vincent Marie-Pascale
Cet ouvrage retrace sous forme de portraits le quotidien des femmes dans un des pays les plus pauvres au monde. Au hasard des rencontres, entre témoignage sur la condition féminine au Burkina et carnet de voyage, ces récits laissent également la place à l'émotion.
(12.00 euros, 96 p.)
ISBN : 978-2-296-96203-3

YAMGANA ET PASANGA – * DVD *
Boccara Michel
Avec la participation de Pascale Barthélemy
«Nous sommes descendus du ciel grâce à des bandes de tissu», disent les Yiyonsé de Silaléba (Burkina Faso). Autochtones, ils ont ensuite passé une alliance avec des étrangers venus à cheval, et notamment leur chef, Naaba Yandefo, il y a plusieurs siècles – au XVIe d'après les chroniques. Ce film raconte cette histoire et ses développements contemporains et présente la mythologie d'une province moose, le Kirigtenga, ainsi que celle de son rituel central, le kiougou.
(20.00 euros)
ISBN : 978-2-296-13522-2

BON SÉJOUR – * DVD *
Bazzoli Maria Silvia, Lelong Christian
«Bon Séjour» est un hôtel de passe de Koupéla, petite ville carrefour du Burkina-Faso. Loin de l'affolement et des dangers de la capitale, les filles qui viennent « séjourner » ici mènent une vie plutôt tranquille, ou l'attente des clients à qui elles livrent leur corps est nourrit par l'espoir d'une vie meilleure. Leurs trajets témoignent de la dignité des femmes qui se retrouvent à devoir faire un travail indigne...
(20.00 euros)
ISBN : 978-2-296-13523-9

L'HARMATTAN, ITALIA
Via Degli Artisti 15; 10124 Torino

L'HARMATTAN HONGRIE
Könyvesbolt ; Kossuth L. u. 14-16
1053 Budapest

ESPACE L'HARMATTAN KINSHASA
Faculté des Sciences sociales,
politiques et administratives
BP243, KIN XI
Université de Kinshasa

L'HARMATTAN CONGO
67, av. E. P. Lumumba
Bât. – Congo Pharmacie (Bib. Nat.)
BP2874 Brazzaville
harmattan.congo@yahoo.fr

L'HARMATTAN GUINÉE
Almamya Rue KA 028, en face du restaurant Le Cèdre
OKB agency BP 3470 Conakry
(00224) 60 20 85 08
harmattanguinee@yahoo.fr

L'HARMATTAN CAMEROUN
BP 11486
Face à la SNI, immeuble Don Bosco
Yaoundé
(00237) 99 76 61 66
harmattancam@yahoo.fr

L'HARMATTAN CÔTE D'IVOIRE
Résidence Karl / cité des arts
Abidjan-Cocody 03 BP 1588 Abidjan 03
(00225) 05 77 87 31
etien_nda@yahoo.fr

L'HARMATTAN MAURITANIE
Espace El Kettab du livre francophone
N° 472 avenue du Palais des Congrès
BP 316 Nouakchott
(00222) 63 25 980

L'HARMATTAN SÉNÉGAL
« Villa Rose », rue de Diourbel X G, Point E
BP 45034 Dakar FANN
(00221) 33 825 98 58 / 77 242 25 08
senharmattan@gmail.com

L'HARMATTAN TOGO
1771, Bd du 13 janvier
BP 414 Lomé
Tél : 00 228 2201792
gerry@taama.net

Achevé d'imprimer par Corlet Numérique - 14110 Condé-sur-Noireau
N° d'Imprimeur : 97007 - Dépôt légal : avril 2013 - *Imprimé en France*

www.ingramcontent.com/pod-product-compliance
Lightning Source LLC
LaVergne TN
LVHW021236061026
849535LV00008B/3087
* 9 7 8 2 3 3 6 2 9 1 8 0 2 *